Arte e Comunicação representam dois conceitos inseparáveis. Deste modo, reúnem-se na mesma coleção obras que abordam a Estética em geral, as diferentes artes em particular, os aspetos sociológicos e políticos da Arte, assim como a Comunicação Social e os meios que ela utiliza.

O CULTO MODERNO DOS MONUMENTOS

TÍTULO ORIGINAL:

Kunstgeschichte und Universalgeschichte;
Die Stimmung als Inhalt der modernen Kunst;
Naturwerk und Kunstwerk I;
Naturwerk und Kunstwerk II;
Der moderne Denkmalkultus, sein Wesen, seine Entstehung;
Über antike und moderne Kunstfreunde

Introdução, tradução e notas: João Tiago Proença

Capa: FBA

Depósito Legal nº 375712/14

Biblioteca Nacional de Portugal – Catalogação na Publicação

RIEGL, Aloïs, 1858-1905

O culto moderno dos monumentos. – (Arte & comunicação)
ISBN 978-972-44-1713-4

CDU 7.01

Paginação:
EDIÇÕES 70

Impressão e acabamento:
DPS - DIGITAL PRINTING SERVICES, LDA
para
EDIÇÕES 70, LDA.
Setembro, 2016

EDIÇÕES 70, uma chancela de Edições Almedina, S.A.
Av. Engenheiro Arantes e Oliveira, n.º 11 – 3.º C 1900-221 Lisboa / Portugal
e-mail: geral@edicoes70.pt

www.edicoes70.pt

ALOIS RIEGL

O CULTO MODERNO DOS MONUMENTOS

E OUTROS ENSAIOS ESTÉTICOS

70

Índice

Índice

Introdução

Um espectro assombra a reflexão sobre a arte; é o espectro do fim da arte, fixado por Hegel na fórmula «a arte é para nós coisa do passado»([1]). Não se trata, como por vezes ainda se pode ler, de um decreto de um pensador tido por obscuro, que, do alto de uma sabedoria esotérica, relega sem apelo nem agravo a arte para uma posição subalterna. Uma tal arbitrariedade, imputada a Hegel, iria ao arrepio do sentido da tese hegeliana. O fim da arte é antes a verificação histórica *post factum* do desenvolvimento cultural da Europa e do seu apogeu na modernidade, de uma era em que «o poder de unificação desapareceu da vida dos homens, e os opostos perderam a sua relação viva e acção recíproca e ganharam autonomia», pois «quanto mais a cultura prospera, quanto mais diversificado se torna o desenvolvimento das expressões da vida, no qual a cisão se pode devorar a si mesma, tanto maior se torna o poder da cisão, tanto mais firme a sua sacralidade climática, tanto mais estranhos para a totalidade da cultura, e sem significado, os

([1]) Georg W. F. Hegel, *Vorlesung der Äethetik*, Frankfurt/M: Suhrkamp, 1986, p. 25.

esforços da vida para recuperar para si a harmonia»([2]). O fim da arte não significa, pois, o termo da actividade artística nem a sua irrelevância. Do que se trata é de uma ratificação do estádio de desenvolvimento que a cultura atingiu; Hegel redige o obituário da arte mas não é o seu assassino.

A arte, no seu sentido que já não é o de hoje, era o depósito do espírito de um povo, e nesta medida via-se investida do «poder de unificação», constituía o centro de gravidade que religava toda uma colectividade de maneira imediatamente acessível à simples percepção([3]). Esta objectividade da arte é inseparável de uma ténue diferenciação cultural, e só em tais condições de unificação, vivendo num *medium* culturalmente homogéneo, pode a arte ser a «suprema perfeição», uma religião estética. Neste estádio vive-se na arte mas não se conhece a arte. Conhecer a arte exige a sua ultrapassagem como forma de vida imediata: só pelo seu próprio fim pode a arte ser conhecida como tal, tornando-se um poder cultural entre outros, num processo de pluralização cultural que implica que a nenhum seja dado o «poder da unificação». Pensar a arte como religião estética «no nosso presente»([4]) só pode ser um exercício de nostalgia por um paraíso perdido, ou seja, conjurar programaticamente a religião estética, a suprema perfeição, é pensá-la no seu afastamento radical e, no mesmo passo, consagrar um tal afastamento. A partir do momento em que a arte perde a objectividade entra no plano inclinado da subjectividade, primeiro pela via religiosa (sentimento) e, em seguida, pela via filosófica (pensamento). É o representado tal como sentido ou pensado pelo sujeito que passa a dar valor ao representante e já não é na fusão imediata, orgânica, indiscernível, dos dois pólos que se reconhece o poder unificador. Se Hegel ainda vê no processo histórico um macro-sujeito que lhe confere inteligibilidade, com a dissolução do

---

([2]) Georg W. F. Hegel, *Diferença entre os sistemas filosóficos de Fichte e Schelling*, (Trad., Intro., e Notas de Carlos Morujão), Lisboa: INCM, 2003, pp. 38-39.

([3]) *Idem*, *Vorlesung über die Äesthetik I*, p. 21.

([4]) *Idem*, *Vorlesung über die Äesthetik I*, p. 25.

hegelianismo, o *Weltgeist* foi a banhos e ainda não tornou à Cidade, nem se prevê que torne. Ainda assim, o valor descritivo da noção hegeliana mantem a sua força, mesmo que os seus pressupostos últimos sejam abandonados.

Riegl retém de Hegel o conceito de desenvolvimento histórico sem, no entanto, vislumbrar neste qualquer sentido pré-definido, que tornasse o tempo histórico mera condição do desdobramento do absoluto. Daí a necessidade de estabelecer o valor histórico de todo e qualquer monumento, isto é, de tudo aquilo que seja produto da actividade humana, como absolutamente temporal, contingente, e, em simultâneo, de o integrar como elo insubstituível, portanto, necessário, se visto a partir do presente, numa cadeia evolutiva.

O valor histórico não se confunde com o desejo do produtor de um monumento de fazer perdurar uma determinada memória. Neste caso, o valor de memória do monumento começa por estar circunscrito ao contexto da sua produção, que, com o correr do tempo, se torna incompreensível ou, pelo menos, perde importância objectiva, tornando-se assim um monumento não intencional. O seu valor de memória deixa de ser uma determinação originária do monumento – o cunho do produtor – para ser um valor atribuído pelo presente. Neste sentido, as variações a que está sujeito um tal valor prendem-se exclusivamente ou com a respectiva abundância documental – dado que tudo pode ter valor de memória, enquanto valor de memória o valor histórico não autoriza qualquer hierarquização valorativa (aqui tudo está à mesma distância de deus, segundo a formulação de Ranke) ou com o seu grau de representatividade de uma mudança histórica. Enquanto substrato último da ciência histórica, o monumento deve ser conservado em absoluto, ou, quando muito, substituído apenas por uma cópia que salvaguarde as mesmíssimas informações históricas (pp. 33-41[5]). A primazia do valor histórico impõe-se assim perante qualquer outro valor. Mesmo perante o valor artístico, o valor histórico é indispensável, porquanto a evolução histórico-artística depende dele num primeiro momento. O monumento artístico começa, pois, por

---

([5]) As indicações no corpo do texto referem-se à presente edição.

ser um valor histórico-artístico, mas não se esgota nele, uma vez que se consegue autonomizar do elemento histórico e agir por si. A dissociação dos dois valores inicia-se no Renascimento, quando o curso histórico deixa de ser relevante para as realizações artísticas. O intervalo entre a Antiguidade Clássica e o Renascimento não tem um significado positivo ao nível artístico; o presente artístico reconhece-se, saltando por cima da história, nas realizações da Antiguidade. Assim sendo, é preciso determinar uma instância que corte o cordão umbilical com o valor histórico e permita discriminar o valor artístico. Para essa instância, Riegl cunhou a expressão «vontade artística»([6]) e ancorou-a epocalmente, e até subjectivamente – ratificando deste modo a tese hegeliana do fim da arte. Se a primazia inconteste da arte da Antiguidade, ratificada mas definitivamente remetida para o passado por Hegel, fora tida por cânone inultrapassável e inultrapassado, com a pretensão de valer objectivamente como pedra de toque do valor artístico, em particular desde Winckelmann, o século XIX, não sem razão apelidado o século da história (p. 22), socavou as bases de uma tal pretensão, instituindo uma revolução copernicana na história: é o presente, cada presente, que permite discriminar o passado. Assim, a uma estética putativamente objectiva, supra-histórica, Riegl opõe uma estética historicamente subjectiva (p. 13), que tem o seu auge numa época cujo estilo próprio é não ter estilo nenhum e, assim, acolher todos em pé de igualdade (p. 93), (lugar-comum que virá a ser consagrado na II Consideração Intempestiva – *Da utilidade e dos inconvenientes da história para a vida* – de Nietzsche).

([6]) A expressão começou por ser usada ainda imprecisamente na sua obra *Stilfragen – Grundlegung zu einer Geschichte der Ornamentik*, Berlim, 1893, onde surge como o meio de superar uma explicação técnico-material dos ornamentos e formas artísticas mais antigas por parte de Semper, ou melhor, dos semperianos; nesse texto Riegl emprega também (p. 12) a expressão *immanenten kunstlerischen Schaffungstriebe* para o efeito. Mas que este impulso qua impulso estético deve ter uma base cultural abrangente – uma concepção do mundo – é o que se torna claro no texto aqui traduzido, *Obra da natureza e obra de arte. I*, onde se pode acompanhar as posições em jogo no debate sobre a concepção materialista da arte, cuja importância para a história da arte, no espaço germânico mas não só nele, não é de subestimar.

O diagnóstico epocal, contudo, já fora precocemente feito por um conterrâneo de Riegl; em 1836 escrevia o arquitecto Ludwig Förster, no *Allgemeine Bauzeitung* por si fundado, que «este século não tem uma cor definitiva, intrínseca».

A primazia do valor histórico leva também ao aparecimento do valor de antiguidade. Ao possibilitar a configuração do esqueleto histórico-evolutivo, o valor histórico perde gradualmente a sua referência ao monumento individual, objectivo, e torna-se um valor ligado abstractamente à mera passagem do tempo: o valor de antiguidade.

O movimento gerador destes três valores – o valor de monumento intencional, valor de monumento não intencional (ou valor histórico) e valor de antiguidade – é descrito por Riegl como um processo de emancipação do indivíduo. No primeiro, o valor de memória é objectivo, prende-se ao valor, num dado contexto, do feito ou destino a preservar; no segundo, o valor de memória desobjectiva-se, passe o barbarismo, e igualiza individualmente aquilo que retém em si, ainda que comece por depender de um interesse do presente (a igualização é, no horizonte da ciência, tendencialmente universal); no terceiro, o valor de memória como que se frui a si próprio no espectador individual, afectando-o apenas como tempo que passou.

Este último valor de memória tem uma restrição decisiva, na medida em que só ela explica o título da obra (o culto *moderno* dos monumentos): dirige-se apenas aos «modernos». Aqui desaparecem quaisquer intenções ou interesses objectivos, o que fica no espectador moderno é apenas uma meditação sobre as ruínas, ou antes, um sentimento, um comprazimento na ruína. A memória é sentida, sem que necessite em si de qualquer informação histórica, formação cultural ou desenvolvimento intelectual; o sentimento é produzido imediatamente ao nível da percepção das marcas da idade inscritas na carne do monumento, como as rugas num rosto, exprimem uma história sem dizer qual é. A memória sentida abstractamente não cuida dos acontecimentos passados, interessa-se tão-só pelo movimento de nascer e perecer que afecta tudo aquilo que, enquanto indivíduo, existe. Trata-se do movimento regular da natureza, visto de um ponto de vista meramente formal e indiferente ao conteúdo do que assim muda. Neste sentido, o estado afectivo de que a ruína barroca quer imbuir o espectador nada tem que ver com o efeito que a ruína provoca nos modernos (p. 26). A diferença reside no facto de o barroco ver a ruína de uma perspectiva histórica, ao passo que os modernos na ruína só já vêem a natureza regular, sem sobressaltos. Ora, quer isto dizer que, uma vez entregue o monumento individual aos influxos deletérios da natureza, este fica inexoravelmente condenado à morte, à destruição total, do ponto de vista do valor de antiguidade. O paroxismo do efeito afectivo produzido por aquela dissolução natural reside no momento de charneira entre um máximo de intensidade do efeito, mediante a mais diminuta extensão que ainda conserva uma forma reconhecível, e um desaparecimento tal que arrasta consigo o desvanecimento daquele mesmo efeito afectivo ao subtrair-lhe a base material, esse «mal necessário». O que, na visão de Riegl, não constitui qualquer problema, desde que outros monumentos possam produzir o mesmo efeito.

Claro está que o conflito com o valor histórico é inevitável, porquanto este requer a conservação do monumento tal como está, vendo em toda a deterioração uma perda cognitiva, na medida em que constituiu o único suporte sólido, dotado de uma inegável primazia objectiva, de toda e qualquer actividade científica e cumulativa. O valor de antiguidade, por outro lado, permanece dependente do valor histórico, por pouco que seja, uma vez que a avaliação da regularidade da natureza e a consciencialização da efemeridade não deixam de remeter para a data do monumento e respectiva posição estilístico-evolutiva. Este antagonismo entre ambos os valores pode inclusive ser dirimido nos casos em que a natureza exerce uma acção violenta, que escapa ao *dégradé* orgânico da dissolução. É como o valor de memória intencional que o conflito é inultrapassável, uma vez que o desígnio de manter viva a recordação de um feito ou destino exige a conservação material da prótese mnésica. O problema que tal implicaria para a conservação dos monumentos resolve-se empiricamente pelo facto de o número de monumentos intencionais ser escasso, em particular se o monumento não for igualmente dotado de valor de uso. Neste último caso, já se trata de um valor de actualidade.

Os valores dos monumentos dividem-se, portanto, segundo Riegl, consoante as necessidades que satisfazem. Sejam estas sensíveis, físicas, e trata-se um valor de uso; sejam elas espirituais, e trata-se de valor artístico.

O valor de antiguidade de obras ainda a uso tem como limite óbvio a integridade física dos seus utentes ou a impossibilidade de substituir tais monumentos em pouco tempo e com meios sempre diminutos. Além destes critérios, que se poderia designar como externos relativamente ao valor de antiguidade, há um critério interno: alguns monumentos há em que a percepção das marcas da idade não se separa taxativamente do uso de tais obras. Não há, contudo, possibilidade de fixar de uma vez por todas o âmbito de aplicação de um tal critério, como Riegl muito honestamente admite (p. 46). Em alguns casos, o próprio valor de antiguidade exige um determinado grau de uso, a fim de integrar uma regularidade noutra mais ampla, no que a rodeia; por exemplo uma casa em ruínas no todo de uma rua movimentada. O conflito dar-se-á preferencialmente nos monumentos fronteiriços, entre o inútil e o útil, entre o medieval e o moderno, e será resolvido mediante o apoio que um dos partidos pode ir buscar a outros valores.

O monumento que satisfaça necessidades espirituais tem valor artístico, que pode ser elementar ou relativo. Terá valor artístico elementar (ou valor de novidade), quando permanecer incólume relativamente à passagem do tempo e a degradação material por ela implicada. O conflito com o valor de antiguidade dá-se ao nível da mera percepção sensível-material; assim, saltam a barreira do nível de instrução, sendo concorrentes no que toca ao nível de generalidade visado, com a não pequena diferença de que o valor de novidade em nada depende do valor histórico, gozando de antemão de uma benevolência por parte do vulgo. Acresce a este facto a exigência de *decorum*, se se tratar de um monumento ainda a uso, operando a posição social como o reforço de um preconceito já bem arreigado.

O valor de antiguidade, para levar a palma neste conflito, tem de conquistar as massas, o que só consegue alargando o respectivo sentido histórico. Há, porém, uma circunstância que permite conciliar os dois inimigos. A operação regular da natureza exige que seja dada na matéria do monumento uma certa quantidade de tempo, que, por mais difícil que seja determiná-la de antemão, não pode ser pontual. Ora, no que é novo, a falha, o defeito, o estrago do tempo começa por ser imediato, isto é, sem uma quantidade que permita vê-lo sob a óptica da regularidade; por isso nota Riegl uma bifurcação exclusivista na validade dos valores: valor de antiguidade para o monumento em que as marcas da idade deixam entrever uma quantidade de tempo inscrita de modo regular na matéria; valor de novidade para o monumento acabado de fazer, e ainda sem valor de memória, onde as marcas da idade são por definição bruscas, violentas. Além de que o tratamento do material nos monumentos novos deve ser, ele próprio, novo. Se, além, disso contar com o valor de uso, vê-se que o valor de antiguidade cede terreno, no seu próprio interesse.

O valor de antiguidade intervém igualmente ao nível estilístico. Se a originariedade estilística (valor histórico) se congraça com a unidade estilística, o valor de antiguidade recusa a reposição do monumento no estado original, uma vez que tal seria eliminar as marcas da idade. O restauro estilístico a qualquer preço, correndo o risco de produzir o que aos olhos modernos seria quase uma imitação, é moderado pelo valor de antiguidade, as marcas do tempo fazem corpo comum, irremediavelmente para o gosto moderno, com as modificações estilísticas. Considerada a questão já não do ponto de vista do valor de novidade, mas do valor artístico relativo, a ausência de um cânone objectivo, supra-histórico, relativiza o valor de antiguidade. O que é antigo não tem importância em si, mas adquire-a, na medida em que corresponde à vontade artística actual. Ainda assim, o valor de antiguidade faz-se sentir precisamente no facto de ao elemento antigo corresponder um moderno, no seio de um conjunto de elementos que não o fazem; o valor de antiguidade intensifica deste modo o feliz encontro entre o actual e o passado. O valor artístico relativo conhece, a par de uma versão positiva, uma versão negativa: isto é o que sucede, quando o elemento antigo repugna à vontade artística do momento. Neste caso, o valor artístico relativo opõe-se ao valor de antiguidade e requereria a eliminação do elemento dissonante; claro está que a pluralização extrema da vontade artística moderna, e a consciência de tal condição, contraria qualquer variante de iconoclastia estética.

A sucessão dos diferentes valores leva a uma interrogação sobre a modernidade. Ora, no texto sobre o culto moderno dos monumentos, Riegl lança mão de conceitos que não estão nele apresentados. Para compreender cabalmente as implicações do referido ensaio([7]) é necessário levar em linha de conta a noção de «disposição harmoniosa»([8]) elaborada por Riegl em *A disposição harmoniosa como conteúdo da arte moderna*.

([7]) Recorde-se que Riegl iniciou, em 1902, a sua actividade institucional no âmbito da conservação de monumentos. Depois da morte de Karl Lind, seu antecessor, foi escolhido, juntamente com o arqueólogo Wilhelm Kubitschek, para redactor das *Mitteilungen der k. k. Zentral-Komission für Erforschung und Erhaltung der Kunst- und historischen Denkmale*, pelo presidente da comissão, Josef Freiherr von Helfert. Ambos tiveram igualmente por missão reeditar os *Jahrbuch* da comissão. Um ano depois, Riegl foi nomeado membro da comissão e é já como *Generalkonservator* que Riegl mete ombros à tarefa de fixar uma base sistemática da profissão de conservador. O texto sobre o culto moderno dos monumentos foi o resultado desse labor e tinha fins institucionais. Cf. a introdução de Ernst Bacher ao volume por ele organizado dos escritos de Riegl relativos às questões de conservação, «Alois Riegl und die Denkmalepflege», pp. 13-48, in *Kunstwerk oder Denkmal? Alois Riegls Schriften zur Denkmalpflege*, Viena: Böhlau Verlag, 1995.

([8]) São proverbiais as dificuldades de tradução de *Stimmung*, sobretudo a de manter um mínimo de uniformidade na tradução dos *composita*. Encurtando razões, saliente-se que o significado do termo pode ir de afinação, em sentido musical, até atmosfera, ambiente, em sentido social, passando pelo sentido de humor, estado afectivo, disposição; mas também pode ser o moral da tropa ou a agitação propagandística na política.

A solução adoptada é oriunda do texto *A disposição harmoniosa como conteúdo da arte moderna*, e baseia-se em particular no que é dito na página 77. Os *composita* que não conservaram a tradução do termo isolado foram traduzidos da seguinte maneira: *Stimmungswirkung*, por efeito afectivo (pp. 16, 23, 38, 137);

No quadro histórico traçado por Riegl, a modernidade tem como cunho a primazia da ciência na vida humana. Já não, porém, como instância cultural conquistadora e ascendente, mas sob uma forma modesta, negativa: um horizonte que não pode ser suprimido *na prática*, no mundo da vida, é condição necessária mas não suficiente de uma linguagem comum; em termos hegelianos, é um poder unificador negativo (cf. pp. 76; 81-82). Precisamente por isto, as «últimas coisas» que podem conferir harmonia a um mundo submetido integralmente às leis da natureza escapam ao poder da ciência e ficam por conta das realizações que uma subjectividade (uma vontade artística) consegue fazer com os elementos do saber – e só com eles(9). Só deste modo é que o saber não opera pessimisticamente, uma vez que pode ser integrado num todo redentor, o pode unificador individual que dá à luz a disposição harmoniosa. Neste sentido, pode-se inclusive entrever como estão dadas, na análise de Riegl, as condições de possibilidade do *Kitsch*, uma vez que a disposição harmoniosa é uma secularização da devoção religiosa, uma disposição própria das épocas espiritualmente transtornadas (p. 87).

A consideração da natureza sob o prisma das coisas últimas afasta o olhar do que está próximo e que desse modo actua como luta, violência – natureza contra natureza. Esta natureza *qua* individual é em primeiro lugar corpórea, háptica. Por isso, só o domínio da natureza técnico-científico(10) pode segregar uma visão distante, meramente óptica. Daqui provém a leitura de Riegl da história da arte, que tem no Impressionismo o seu fio condutor,

---

Stimmungseindrücken, por impressões afectivas (p. 136); *Stimmungsmensch*, por homem afectivamente impressionável (pp. 27 e 56).

(9) Uma tal posição da subjectividade assinala a passagem de uma cultura artística a uma cultura estética, na acepção de Patočka. Cf. *L'art et le temps* (Trad. de Erika Abrams). Paris: Presses Pocket, 1992, pp. 35-353. Cf. também Jay M. Bernstein, *The fate of art: aesthetic alienation from Kant to Derrida,* Cambridge: Polity Press, 1992, pp. 1-16.

(10) Sobre as questões político-sociais aqui implicadas, Riegl não é explícito, mas o pouco que diz permite entrever a direcção do seu pensamento (cf. *inter alia* pp. 82, 86).

ou seja, uma forma de arte que se paute pela impressão subjectiva dissolvente das características hápticas do objecto (cruze-se *A disposição harmoniosa como conteúdo da arte moderna* com a *Obra da natureza e obra de arte*, mas também com *Sobre os amadores de arte: antigos e modernos*([11])).

Subjectivado que está o poder unificador na forma de uma disposição harmoniosa, pode-se agora compreender a modernidade

---

([11]) Daqui provém a centralidade da pintura de paisagem na arte de uma época científica (cf. 84). Com razão se pôde escrever que «À distância, podemos dizer que a invenção da paisagem ocidental supõe a reunião de duas condições. Em primeiro lugar, a laicização dos elementos 'naturais', árvores, rochas, ribeiros etc. Enquanto permaneceram sujeitos à cena bíblica, eram apenas sinais, distribuídos, ordenados num espaço sagrado, um *templum*, que, só ele, lhes conferia unidade. É por isso que, na Idade Média, a representação naturalista não oferece qualquer interesse: corria o risco de ser nociva à função edificante da obra. É preciso, pois, que estes sinais se separem da cena, recuem, se afastem, o que será uma das funções, evidentemente decisivas, da perspectiva. Ao instituir uma verdadeira profundeza, coloca à distância estes elementos da futura paisagem e, em simultâneo, laiciza-os. Já não são satélites fixos, dispostos em torno dos ícones centrais, eles formam o fundo da cena, o que é completamente diferente; porque agora encontram-se à distância e como que ao abrigo do sagrado. Mas agora estão condenados a forjar a sua própria unidade. Tal é a segunda condição: é preciso doravante que os elementos naturais se organizem a si próprios num grupo autónomo, se assim não for, correm o risco de se prejudicarem a homogeneidade do conjunto [...]» Alain Roger, «Le paysage ocidental – Rétrospective et prospective» in *Art et anticipation*, Arts&esthétique, pp. 18-19.

A relação da paisagem com a *disposição harmoniosa* não passou despercebida aos historiadores da arte, cf. a título de exemplo: Pierre Francastel, *O impressionismo* (Trad. Maria do Sameiro Mendonça/Rosa Carreira), Lisboa: Ed. 70, 1988. «A pintura impressionista, longe de parecer fundada no rigor de uma técnica, é, mais do que qualquer outra, um 'estado de alma'. Se quisermos precisar o traço fundamental da sua originalidade, pode apontar-se o facto de ela ser uma limitação voluntária dos recursos e dos efeitos da pintura. Ninguém tinha ainda separado de um modo tão decidido as noções visuais das do tacto e do conhecimento prático das coisas. A análise de Monet não só leva, na tela, à subordinação das formas à cor, como também, no espírito, à eliminação de qualquer sensação, ou impressão, que não seja puramente óptica» (p. 39).

Herbert Read, *O significado da arte* (Trad. A. Neves-Pedro), Lisboa: Ulisseia, s/d.

«[A pintura de paisagens] é uma criação deliberada de 'atmosfera' pela atmosfera, mais que a revelação de uma experiência precisa.» (p. 107).

do valor de antiguidade. Este desperta uma disposição harmoniosa, em si, prescindindo da mediação do artista, da vontade artística. Tudo se passa como se a roda do tempo segundo a causalidade trouxesse no seu bojo a harmonia; «as últimas coisas» são anuladas pelo valor de antiguidade na unidade vista à distância incrustadas nas «coisas primeiras». Neste caso, e ao contrário do Barroco, a ruína é a ruína da transcendência e nenhuma fórmula dos modernos, num passe de magia apotropaica, consegue esconjurar o espectro.

***

Tomou-se como base da presente selecção e tradução os *Gesammelte Aufsätze*, antologia dos ensaios de Riegl, publicada em 1928 por Karl Swoboda e organizada por Hans Sedlmayr para a Logos Verlag. Esta edição foi reproduzida por Gerb. Mann Verlag, 1995, ISBN 3-7861-1886-8, a que se acrescentou um *Posfácio* de Wolfgang Kemp.

O texto que constitui o corpo da presente edição, *O culto moderno dos monumentos* foi publicado originalmente com o título «Der moderne Denkmalkultus, sein Wesen, sein Entstehung. (Einleitung zum Denkmalschutzgesetz)», em Viena, Braumüller, 1903.

Os restantes textos respeitam a ordem cronológica:

História da arte e história universal [Kunstgeschichte und Universalgeschichte], Festgaben zu Ehren Max Büdingers, Innsbruck, foi reproduzido em «Belvedere», nº 31, 1925. O texto data de 1898.

A disposição harmoniosa como conteúdo da arte moderna [Die Stimmung als Inhalt der modernen Kunst], texto publicado em 1899 em Graphische Künste XXII.

Obra da natureza e obra de arte. I [Naturwerk und Kunstwerk] e *Obra da natureza e obra de arte. II* [Naturwerk und Kunstwerk], ambos publicados em 1901 em *Allgemeine Zeitung*, Munique, nos suplementos 13 e 48.

Uma nova história da arte [Eine neue Kunstgeschichte. Über C. Gurlitt, Geschichte der Kunst, 1901] recensão da obra de

Gurlitt publicada a 20 de Janeiro de 1902 em *Wiener Abendpost*, suplemento de *Wiener Zeitung*.

Sobre os amadores de arte: antigos e modernos [Über antike und moderne Kunstfreunde], texto publicado postumamente, em 1907, no Kunstgeschcichtliches Jahrbuch der k. k. Zentralkomission I, Anexo.

As notas do autor e da edição alemã são assinaladas por um asterisco; as notas em numeração árabe são da responsabilidade do tradutor.

O Culto Moderno dos Monumentos

1. Os valores de monumento e o seu desenvolvimento histórico

Por monumento no sentido mais antigo e originário compreende-se uma obra de mão humana, construída com o fito determinado de conservar sempre presentes e vivos na consciência das gerações seguintes feitos ou destinos humanos particulares (ou conjuntos de tais feitos e destinos). Pode ser um monumento artístico ou um monumento escrito, conforme se dá a conhecer ao espectador o acontecimento a imortalizar com os meros meios expressivos da arte plástica ou valendo-se de uma inscrição; o mais frequente é encontrarem-se unidos em igual grau os dois géneros. O estabelecimento e conservação de tais monumentos «intencionais», que se pode seguir até aos tempos mais recuados de que há provas da cultura humana, é hoje ainda maior. Mas, ao falarmos do culto moderno dos monumentos e da sua protecção, não pensamos de modo nenhum nos monumentos «intencionais», mas sim nos «monumentos artísticos e históricos», como rezou até ao presente a expressão oficial para tal, pelo menos na Áustria.

Esta designação, perfeitamente legítima segundo as concepções dos séculos XVI-XIX, poderia hoje induzir a mal-entendidos no que respeita à concepção, preponderante nos tempos mais recentes, da essência do valor artístico, razão pela qual temos de investigar antes de mais o que se compreendeu até ao presente por «monumentos artísticos e históricos».

Segundo a definição vulgarmente corrente, é obra de arte toda a obra humana tangível, visível ou audível, que apresenta valor artístico; é um monumento histórico toda a obra deste tipo que possua valor histórico. Neste contexto, os monumentos audíveis (a música) podem ser à partida excluídos de consideração neste contexto, dado que, na medida em que interessam à arte em geral, devem ser integrados nos monumentos escritos. Temos, por isso, de perguntar somente com referência às obras tangíveis e visíveis das artes plásticas (que abrangem na acepção mais vasta tudo o que é plasmado por mão humana): o que é o valor artístico e o que é valor histórico?

O valor histórico é claramente o mais abrangente e pode, por isso, ser discutido em primeiro lugar. Designamos por histórico tudo o que existiu e já não existe no presente; segundo os conceitos mais modernos, ligamos a esta concepção outra mais extensa, a saber, que aquilo que existiu uma vez nunca mais pode existir e que tudo o que existiu forma um elo insubstituível e irrevogável de uma cadeia evolutiva, ou, por outras palavras: que tudo o que se seguiu é condicionado por aquilo que lhe é anterior, e que não teria podido suceder como realmente veio a suceder, se aquele elo anterior não tivesse existido. A *noção de evolução* forma precisamente o centro de toda a concepção histórica moderna. De acordo com os conceitos modernos, toda a actividade e todo o destino humano, de que nos foi conservado um testemunho ou notícia, pode reclamar sem excepção valor histórico: todo o acontecimento histórico é tido por nós, no fundo, por insubstituível. Uma vez que não teria sido possível tomar em consideração a mole de acontecimentos de que se conservou testemunhos directos ou indirectos, e que se multiplicam a cada instante até ao infinito, limitámo-nos a dar atenção até ao presente, por pressão da necessidade, predominantemente àqueles testemunhos que nos parecem representar etapas particularmente nítidas no curso de desenvolvimento de um determinado ramo da actividade humana. O testemunho pode ser um monumento escrito, através de cuja leitura são despertadas representações contidas na nossa consciência, ou um monumento artístico, cujo conteúdo é percebido imediatamente pelos nossos sentidos. Ora, é importante fazer uma ideia clara de que todo o monumento artístico sem excepção é em simultâneo um monumento histórico, pois representa um determinado grau evolutivo das artes plásticas para o qual, a rigor, não se pode encontrar um substituto absolutamente equivalente. De modo inverso, claro está, todo o monumento histórico é igualmente um monumento artístico, pois mesmo um monumento escrito tão secundário como, por exemplo, um recorte de papel com uma nota curta e insignificante contém, a par do seu valor histórico para o desenvolvimento do fabrico do papel, da escrita, dos materiais da escrita, etc. toda uma série de elementos artísticos: a forma exterior do pedaço de papel, a forma dos caracteres e o modo da sua composição. Claro que se trata de elementos tão pouco significativos que, em milhares de casos semelhantes, os abandonamos sem lhes prestarmos qualquer atenção, dado que possuímos em número suficiente outros monumentos que nos comunicam de modo mais rico e pormenorizado mais ou menos o mesmo. Mas, se o referido recorte fosse o único testemunho conservado da criação artística do seu tempo, teríamos de o considerar, apesar da sua pobreza, como um monumento artístico indispensável. O elemento artístico que nele encontramos, porém, interessa-nos, em primeiro lugar, somente de um ponto de vista histórico: o monumento surge-nos como um elo indispensável na cadeia evolutiva da história da arte. O «monumento artístico» neste sentido é, pois, «monumento histórico-artístico», o seu valor, deste ponto de vista, não é «valor artístico», mas sim um «valor histórico». Resulta daí que a separação entre «monumentos artísticos e históricos» não colhe, dado que os primeiros estão assimilados e contidos nos últimos.

Mas será que só avaliamos realmente nos monumentos artísticos o valor histórico? Se assim fosse, todas as obras de arte de épocas anteriores, ou mesmo todos os períodos artísticos, deveriam ter o mesmo valor aos nossos olhos, e, quando muito, adquiririam uma mais-valia relativa através da maior raridade ou antiguidade. Na realidade, porém, acontece valorizarmos mais obras mais recentes do que outras que lhes são anteriores, por exemplo, valorizamos mais um Tiepolo ([1]) do século XVIII do que os maneiristas do século XVI. A par do interesse no elemento histórico das obras de arte antigas, deve haver ainda, no entanto, algo que assenta nas suas propriedades especificamente artísticas relativas à concepção, forma e cor. É evidente que, a par do valor histórico-artístico que possuem para nós todas as obras de arte antigas (monumentos) sem excepção, existe também um valor puramente artístico que permanece independente da posição da obra de arte na cadeia da evolução histórica. Será que este valor artístico está dado no passado tão objectivamente como o histórico, de tal modo que constitua uma parte essencial e independente do elemento histórico do conceito de monumento? Ou é um valor subjectivo, inventado pelo moderno sujeito contemplativo, sujeito ao seu bel-prazer e com ele cambiando, não tendo cabimento, neste caso, no conceito de monumento como uma obra com valor de memória?

Na resposta a esta pergunta apartam-se hoje os partidários de duas opiniões: uma antiga, ainda não completamente ultrapassada, e uma nova, que avança, triunfante. Desde os tempos do Renascimento, quando, como ainda se mostrará, o valor histórico adquiriu pela primeira vez uma reconhecida importância, vigorou até ao século XIX a tese de que existira um cânone artístico absoluto, um ideal artístico objectivo, absolutamente válido, que todos os artistas se esforçavam por atingir, mas que dificilmente poderia ser completamente alcançado. De início, os Antigos passaram por terem estado muitíssimo próximos daquele cânone, representariam inclusive, em algumas das suas criações particulares, o próprio ideal. O século XIX eliminou definitivamente esta

([1]) Giambattista Tiepolo (também Giovanni Battista Tiepolo) (1696-1770) pintor italiano, Riegl toma-o como exemplo pelas suas características proto-impressionistas: está mais perto do óptico que do háptico.

pretensão exclusiva dos Antigos e, a par disso, emancipou quase todos os restantes períodos artísticos conhecidos na sua significação independente; mas nem por isso abdicou da crença num ideal artístico objectivo. Só por volta do princípio do século XX é que se chegou ao ponto de extrair a consequência necessária da noção de evolução histórica e de declarar toda a criação artística transacta como irrevogavelmente passada para nós e, por isso, não sendo de modo nenhum decisiva para a formação de um ponto de vista canónico. Se não nos confinamos, contudo, à apreciação artística das obras modernas, mas avaliamos também as antigas por mor da sua concepção, forma e cores, e às vezes até as julgamos superiores às modernas, isto (abstraindo do factor estético sempre presente no interesse histórico) deve ser compreendido no sentido de que certas obras de arte antigas correspondem, ainda que não no todo, certamente, no entanto, em certas partes à vontade artística moderna. Ora, é precisamente o aparecimento destas partes concordantes em contraste com partes divergentes que confere às primeiras um tal efeito sobre nós, modernos, que uma obra de arte moderna, que nada obriga a um tal contraste, nunca poderá exercer. De acordo com os conceitos hodiernos, por conseguinte, não há um valor artístico moderno absoluto, mas apenas um valor meramente relativo.

Em consequência disto, a definição do conceito de «valor artístico» deve igualmente ter um conteúdo diferente, consoante se defenda uma ou outra concepção. Segundo a opinião mais antiga, uma obra de arte possui valor artístico, na medida em que corresponda às exigências de uma estética putativamente objectiva, cuja formulação nunca esteve, até ao presente, isenta de objecções. Segundo a opinião mais recente, o valor artístico de um monumento mede-se pelo grau em que vai ao encontro das exigências da vontade artística moderna, exigências essas que, claro está, são formuladas de modo ainda menos claro e que, a rigor, nunca o poderão ser, uma vez que cambiam de sujeito para sujeito e de momento para momento.

Clarificar completamente esta diferença na concepção da essência do valor artístico é, por isso, uma condição prévia de importância fulcral para a nossa tarefa, porquanto a orientação de princípio de toda a conservação dos monumentos é por ela decisivamente influenciada. Se não existe um valor artístico eterno, mas apenas um valor relativo, moderno, o valor artístico de um monumento deixa de ser um valor de memória e passa a ser um valor de actualidade. Os procedimentos com vista à conservação dos monumentos têm, sem dúvida, de contar com ele, uma vez que requer, enquanto valor hodierno, de certo modo mais prático, perante o valor de memória, que é o valor do passado histórico do monumento, uma consideração tanto mais urgente; mas deve ser separado do conceito de «monumento». Se perfilharmos uma concepção da essência do valor artístico, como aquela que se formou irresistivelmente nos tempos mais recentes, como resultado final de toda a actividade de pesquisa da história da arte do século XIX – impossível de abarcar no particular – já não podemos continuar a falar de «monumentos histórico e artísticos», mas apenas de «monumentos históricos», e no que se segue, a expressão também será empregue exclusivamente nesta acepção.

Os monumentos históricos só são «não intencionais» em contraposição aos intencionais: mas está claro de antemão que todos os monumentos intencionais podem ser em simultâneo não intencionais, constituindo somente uma pequena fracção dos não intencionais. Posto que os produtores de outrora quisessem satisfazer com estas obras, que hoje se nos afiguram monumentos históricos, sobretudo certas necessidades estritamente práticas ou necessidades ideais que lhes eram específicas a si próprios, aos seus contemporâneos e, quando muito, aos seus herdeiros mais próximos, e, por via de regra, não pensassem de modo nenhum que estavam a legar aos vindouros dos séculos seguintes testemunhos da sua (dos produtores) vida e criação artística e cultural, a designação «monumentos» que costumamos dar a estas obras pode, apesar de tudo, ser entendida não em sentido objectivo, mas meramente em sentido subjectivo: o sentido e a importância dos monumentos não cabem às próprias obras em virtude da sua determinação originária, mas somos nós, modernos, quem lhos atribui. Em ambos os casos – tanto nos monumentos intencionais como nos não intencionais – trata-se de um valor de memória e, por isso, falamos tanto num caso como no outro de «monumentos». Em ambos os casos interessa-nos, além disso, a obra na sua figura originária, intacta, tal qual saiu das mãos do seu autor, e em que ambicionamos vê-la ou então restabelecê-la em pensamento, palavras ou imagens; mas, no primeiro caso, o valor de memória é conferido por outros (os autores de outrora), no último, é determinado por nós próprios.

O interesse que as obras legadas pelos grupos humanos do passado nos despertam a nós, modernos, não se esgota de modo nenhum no «valor histórico». Um castelo em ruínas, por exemplo, cuja muralha esboroada transmita informações demasiado escassas sobre a forma, a técnica, a disposição dos espaços, etc., para satisfazer um interesse da história da arte ou da cultura, e à qual, por outro lado, também não se associam quaisquer memórias de cronistas, não pode ficar a dever o manifesto interesse que nós, modernos, não obstante, lhe devotamos incondicionalmente ao seu valor histórico. De igual modo, temos, por exemplo perante um velho campanário, de distinguir entre as memórias históricas, mais ou menos localizadas, das mais variadas espécies que a sua visão evoca, e a representação do tempo totalmente geral e não localizada para a qual o campanário «contribuiu» e que se trai nas marcas da idade, imediatamente perceptíveis. Pode observar-se a mesma diferença nos próprios monumentos escritos: um pedaço de pergaminho do século XV do mais simples conteúdo, por exemplo, uma nota sobre uma compra de cavalos, desperta-nos, não apenas com os seus elementos artísticos, tal como aquela ruína e o campanário, um duplo valor de memória (um, histórico, através dos elementos formais do pedaço de pergaminho, dos caracteres, etc., o outro, de que se trata agora, através do amarelecimento e da «pátina» do pergaminho, do desbotamento dos caracteres), mas também com o seu conteúdo escrito: histórico, através das cláusulas da venda (história jurídica e económica), dos nomes (história política, genealogia, história das migrações), etc.; o outro através da língua envelhecida, dos modos de expressão inusitados, conceitos e juízos, que são imediatamente sentidos, até pelas pessoas historicamente incultas, como não modernos, mas antes como pertencentes ao passado. O interesse arreiga-se então, nestes casos, sem dúvida num valor de memória, quer dizer, também consideramos deste ponto de vista a obra de arte como um monumento, mais concretamente, como não intencional. Mas o valor de memória não se prende aí à obra no estado original em que nasceu, mas sim à representação do tempo decorrido desde a sua génese, que se trai de modo perceptível aos sentidos nas marcas da idade. Se a concepção dos monumentos «históricos» pôde há pouco ser já designada como subjectiva perante a do monumento «intencional», a qual, contudo, tem que ver sempre com a consideração de um objecto fixo (a obra original, individualmente coesa), nesta terceira classe de monumentos, o objecto aparece completamente volatilizado num mero mal necessário. O monumento torna-se apenas mais um substrato sensível imprescindível, a fim de produzir no seu espectador aquele efeito afectivo que a representação da órbita regular do nascer e perecer, do irromper do particular a partir do universal e o seu reentrar gradual naquele, obedecendo a uma necessidade natural, suscita no homem moderno. Na medida em que este efeito afectivo não pressupõe experiências científicas, afigura-se como não tendo necessidade em particular de quaisquer conhecimentos adquiridos através da cultura histórica para a sua satisfação, antes é causado pela mera percepção sensível e por isso manifesta-se imediatamente como sentimento. Assim sendo, nada o obriga a confinar-se à classe letrada, à conservação dos monumentos históricos, mas julga ter o direito a estender-se às massas, a todos os homens sem distinção de educação intelectual. Nesta pretensão à validade universal, que tem em comum com os valores do sentimento religioso, assenta o profundo significado, cujas consequências ainda não se podem vislumbrar por enquanto, deste novo valor de memória (de monumento) que será designado no que se segue como «valor de antiguidade»

Destas indicações resulta desde já que o culto moderno dos monumentos na manutenção dos «monumentos históricos» não está inoperativo – e requer também para os «monumentos de antiguidade» uma contemplação repassada de piedade. Ora, como os monumentos históricos intencionais estão inteiramente contidos nos monumentos históricos não intencionais, de igual modo, também se podem dar todos os monumentos históricos como incluídos nos monumentos de antiguidade. Exteriormente, apartam-se assim as três classes de monumentos através do alargamento permanente do âmbito em que o valor de memória tem validade. Na classe dos monumentos intencionais, só se integram aquelas obras que devem recordar, como propósito dos seu autores, um momento determinado do passado (ou um conjunto de tais momentos); na classe dos monumentos históricos, o círculo alarga-se àqueles que se referem, sem dúvida, ainda a um momento determinado mas cuja escolha está determinada pelas nossas preferências subjectivas. Na classe dos monumentos de antiguidade entra, por fim, toda a obra de mãos humanas, sem consideração pelo seu significado originário e destino final, na medida em que lhe basta trair no exterior, de modo suficientemente perceptível aos sentidos, que já existiu durante um longo período de tempo antes do presente e que «viveu ao longo» dele. As três classes surgem aqui como três estádios que se desenrolam sucessivamente num processo de generalização crescente do conceito de monumento; um relance geral à história da conservação dos monumentos até ao presente poderá mostrar como as três classes se formaram, inclusive na realidade, na mesma série sequencial.

Os monumentos intencionais tiveram de sucumbir irremediavelmente à dissolução e destruição, numa época em que ainda não havia compreensão para os não intencionais, a partir do momento em que os seus destinatários, que tinham sempre presente um interesse pela sua conservação, deixaram de existir. Toda a Antiguidade e Idade Média só conheceram monumentos estritamente intencionais. Uma descrição exacta do curso evolutivo neste longo período deveria ir mais longe; seja por isso meramente mencionado que na época antico-oriental foram principalmente fruto de meros indivíduos (ou famílias), enquanto, entre os Gregos e os Romanos, nasceu o monumento patriótico, cuja protecção caiu logo sob a alçada de associações de interesses maiores, e este alargamento do círculo de interesses acarretou também a garantia de uma subsistência mais longa, claro que, por outro lado, implicou uma redução do antigo denodo na escolha de materiais tão perenes e indestrutíveis quanto possível. O aparente aparecimento do valor de antiguidade na Antiguidade tardia deve ser ainda objecto de discussão e encontrar uma explicação: que além disso, nomeadamente na Idade Média, começam a fazer-se sentir fenómenos que indiciam a passagem gradual para o aparecimento dos monumentos não intencionais é simplesmente óbvio.

Na Idade Média, depois de o antigo Império, cuja magnificência e poder inultrapassável se queria conservar sempre presente às gerações vindouras, ter soçobrado, uma obra como a Coluna de Trajano teria de ficar fora da alçada da lei; haveria de sofrer também na época inúmeras mutilações, sem que ninguém tivesse pensado no seu restauro. Que ela permaneça de pé deve-se principalmente a um resquício do patriotismo dos romanos antigos, que nunca desapareceu completamente do romano medieval, pelo que nós podemos finalmente admitir a Coluna de Trajano como um monumento intencional, sem dúvida, em medida muito condicionada, mesmo durante a Idade Média. Ainda assim existiu sempre o perigo até ao século XIV de a coluna poder ser sacrificada irreflectidamente a quaisquer necessidades práticas. Só desde a época renascentista é que se esconjurou provisoriamente e até aos dias de hoje, e presumivelmente também para um futuro imprevisível, um tal perigo.

A causa desta mudança foi a formação em Itália, a partir do século XV, de um novo valor de memória. Começa-se agora a valorizar novamente os monumentos da Antiguidade, mas já não por mor da mera memória patriótica por eles transmitida do poder e grandeza do antigo Império, que o próprio romano medieval, claro que numa ficção assaz fantasiosa, pensara como contínuo, ou pelo menos só temporariamente interrompido, mas por causa do seu «valor histórico e artístico». Que se considere agora digno de atenção não só os monumentos como a Coluna de Trajano, mas até fragmentos imperceptíveis de frisos e capitéis, prova que foi pela arte antiga que se tomou interesse então; e que se tenha começado a recolher e registar até inscrições de conteúdo totalmente insignificante, apenas porque provêm declaradamente dos tempos antigos, dá notícia do interesse histórico despertado. Claro que, de início, este novo interesse histórico-artístico se cingiu em exclusivo a obras dos antigos povos civilizados, nas quais os italianos da época renascentista se compraziam em vislumbrar os seus próprios antecessores, o que explica também o seu ódio simultâneo ao Gótico, presuntivamente bárbaro. Com base nisto, fica dada a ligação, para uma reflexão histórico-evolutiva, à concepção passada dos monumentos intencionais com o seu significado no essencial apenas patriótico (egoístas ao nível do Estado, povo, comunidade, família). Não se pode, porém, ignorar uma novidade fundamental: vemos aí, pela primeira vez, homens que reconhecem nas obras e acções antigas, separadas do seu próprio tempo por um milénio e mais, os estádios preliminares da sua própria actividade artística, cultural e política. O interesse nos monumentos intencionais, que costuma desvanecer-se com o desaparecimento das gerações neles interessadas, foi perpetuado por tempos imprevisíveis em virtude de todo um grande povo considerar as antigas acções de gerações há muito tempo desaparecidas como parte das suas próprias acções, e as obras de outrora dos presuntivos antecessores como parte do seu próprio trabalho. Assim, o passado ganhou um valor de actualidade para a vida e criação modernas. O interesse histórico despertou por isso entre os Italianos, ainda que se começasse por se confinar à pré-história (real ou presuntiva) do próprio povo. Esta limitação foi, à época, visivelmente necessária; o interesse histórico não pode de início ganhar terreno a não ser na forma meio egoísta do interesse patriótico-nacional. Foram ainda necessários vários séculos até que tal interesse adquirisse gradualmente a configuração moderna, nomeadamente entre os povos germânicos, que temos hoje diante de nós: o interesse por tudo, até pelo mais insignificante feito e destino, mesmo de povos insignificantes separados da própria nação através das oposições de carácter irredutível dos povos, o interesse pela história da humanidade em geral, na qual reconhecemos em cada indivíduo particular uma parte de nós mesmos.

Muito significativamente, a mesma época que descobriu o «valor histórico-artístico», pelo menos dos antigos monumentos, promulgou os primeiros regulamentos de protecção dos monumentos (entre os quais se destaca pela sua importância o Breve de Paulo III de 28 de Novembro de 1534); dado que o Direito tradicional não conhecera a protecção de monumentos não intencionais, julgou-se oportuno rodear de imediato os valores recém-descobertos com medidas de protecção particulares.

Pode-se dizer aqui, com toda a razão, que uma verdadeira conservação de monumentos em sentido moderno só começou no Renascimento italiano, com o aparecimento de uma valorização consciente dos monumentos antigos e a instituição de disposições legais para a sua protecção.

Por outro lado, é necessário clarificar que a concepção que os italianos do Renascimento tiveram do valor de memória de modo nenhum se congraça com a do nosso início do século XX. Por um lado, o nexo genético, como já foi dito, da conservação, recentemente aparecida, dos monumentos não intencionais com a anterior, relativa somente aos monumentos intencionais dos Antigos, era ainda visível, em virtude da limitação patriótica a uma valorização da pretensa arte dos antepassados (exclusivamente os Antigos). Por outro lado, ainda não havia um valor de antiguidade; quando muito poderia falar-se de pressentimentos obscuros de tal valor. O valor histórico, que os italianos associavam aos monumentos antigos, também não andava muito longe do que foi reconhecido no século XIX. Na época do Renascimento iniciou-se aquela separação entre valor artístico e valor histórico, entre monumentos artísticos e históricos, que, como já se mostrou, havia de se manter válida seguidamente até ao século XIX e cuja ultrapassagem ficou reservada apenas aos nossos dias. Valorizavam-se então as formas antigas como tal, na medida em que se considerava a arte que as produzira como a única e verdadeira, objectivamente correcta, e válida universalmente para todos os tempos, perante a qual toda a restante arte (excepto a arte italiana do seu próprio tempo) era tida, em parte, como um estádio preliminar, imperfeito, em parte como uma desfiguração bárbara. Este ponto de vista continua a ser, a rigor, normativo e dotado de autoridade, e por isso antico-medieval, mas não é de modo nenhum histórico em sentido moderno, pois não reconhece ainda uma evolução. A valorização dos Antigos por parte dos italianos do Renascimento nem por isso deixa de ter o seu lado histórico, na medida em que ela considerava os Antigos como um estádio preliminar do Renascimento italiano. Claro que ainda não se ousaria pensar aqui num estádio preliminar da evolução histórica em geral, fosse como fosse que tivesse ocorrido, ao afirmar-se por exemplo de Miguel Ângelo que teria ultrapassado os Antigos em algumas das suas obras em particular, com o que parece estar já a ser dito muito claramente que os monumentos antigos não podem ter pretensões a um valor eterno, mas sim a um valor meramente relativo e, por conseguinte, histórico. Mas a ideia de que os italianos do Renascimento se reencontram a si mesmos depois de superarem o período das invasões bárbaras, e que a arte antiga, que lhe continuava a ser inata, teria simplesmente de prosseguir o seu curso, é sem dúvida só por si histórica; pois a ideia da evolução já está nela incluída, na medida em que foi em certa medida atribuído aos italianos do Renascimento, graças à sua nacionalidade, um imperativo interior, natural, que os impunha como sucessores culturais dos povos antigos, seus parentes étnicos.

A divisão dos monumentos não intencionais em monumentos artísticos e históricos, que somos obrigados a rejeitar de um ponto de vista moderno, encontrava-se completamente legitimada do ponto de vista do Renascimento italiano. Até se pode mesmo dizer que o valor artístico foi decisivo de início e que o valor histórico (o facto particular ocorrido uma vez), em pé de igualdade com aquele num primeiro momento, regrediu. O processo de desenvolvimento do culto dos monumentos nos séculos seguintes até ao século XVIII inclusive pode ser definido em poucas palavras: paralelamente à participação crescente de outros povos, a saber, semi- e totalmente germânicos, a validade objectivamente modelar dos Antigos não foi ainda, é certo, directamente desmentida, mas, em comparação com o sentido em que os italianos do Renascimento a haviam afirmado, sofreu uma limitação cada vez maior através da crescente valorização de outras formas artísticas. Ainda não se chegou nesta época, contudo, a verdadeiras leis de protecção dos monumentos, porquanto, por um lado, os monumentos antigos de significado canónico, em função do qual os Papas do Renascimento se julgavam obrigados a protegê-los, se perderam um por um, por outro lado, as formas artísticas não antigas ainda não deparavam com igual autoridade a par dos Antigos, de molde a poderem, por seu turno, alicerçar nela uma exigência de protecção.

Chama-se ao século XIX, não sem razão, o século da história, pois comprazeu-se em seguir pistas e na consideração amorável de factos particulares, quer dizer, na acção humana individual no seu surgir puro e originário num grau ímpar mais elevado, do que antes – tanto quanto nos é dado hoje ver – e também do que depois. Fixar um facto histórico com total exactidão foi o seu anseio mais grato: as ciências auxiliares que demandam esse fim, no fundo, não eram tidas como disciplinas auxiliares, antes parecia que nelas se esgotava a actividade essencial da investigação histórica em geral. Lia-se com deleite a mais modesta narrativa e investigava-se a sua autenticidade. O postulado da importância para a história da humanidade dos povos, dos Estados e da Igreja, que anteriormente determinara o valor histórico, foi, inconfessada mas gradualmente, bem como factualmente, suprimido. Em troca impôs-se, poderosa, a história da cultura para a qual até o insignificante, e precisamente porque é o insignificante, pode ter importância. Esta importância assenta somente na convicção histórica da insubstituibilidade até do mais insignificante elemento no seio da evolução; em função da evolução, o elemento ínfimo do ponto de vista do material, execução do trabalho e destino final, goza ainda de um valor objectivo. Por outras palavras, com a inevitável e constante diminuição deste valor objectivo do monumento, a própria evolução, porém, a partir da qual todos os valores eram criados, iria adquirir constantemente importância frente ao monumento individual em si. O valor histórico que estava indissoluvelmente colado ao indivíduo viu-se convertido gradualmente num valor evolutivo, para o qual o individual como objecto se tornou indiferente.

Este valor evolutivo é precisamente o valor de antiguidade, que já encontrámos mais atrás: é, por conseguinte, o produto lógico do valor histórico cuja formação o precedeu em quatro séculos. Se não tivesse existido um valor histórico, também não poderia ter nascido o valor de antiguidade. Se o século XIX foi o século do valor histórico, é de crer que o século XX virá a ser o século do valor de antiguidade. Por ora, encontramo-nos ainda no estádio de transição, que naturalmente tem também de ser em simultâneo um estádio de luta.

Todo o processo descrito que conduziu por fim do valor de monumento intencional, passando pelo valor histórico, até ao valor de antiguidade, é, considerado de um ponto de vista geral, um mero epifenómeno da emancipação do indivíduo que dominou de uma ponta à outra os tempos mais recentes e que fez uma poderosa investida, sobretudo desde o fim do século XVIII; e – se em erro não estamos – desde o fim do século XIX, pelo menos para um certo número de povos europeus civilizados, meteu ombros à tarefa de substituir gradual mas essencialmente os fundamentos clássicos da cultura legados pela tradição. O esforço interruptamente intensificado, característico desta mutação, para apreender toda a experiência física e psíquica não na sua esssencialidade objectiva, como o fizeram em geral os períodos culturais anteriores, mas na sua manifestação subjectiva, quer dizer, nos efeitos que exerce sobre um sujeito (que percebe sensoriamente os fenómenos ou que deles se torna intelectualmente consciente), expressou-se nitidamente na mutação esboçada do valor de memória, quando o valor histórico ganhou interesse pelo acontecimento individual que defronta o sujeito contemplativo de certa forma objectivamente. Enquanto o valor de antiguidade já abstrai totalmente, por princípio, do fenómeno individual, localizado, como tal, e avalia exclusivamente o efeito afectivo, em todo o monumento sem excepção, quer dizer, sem consideração das suas propriedades objectivas específicas, ou, mais precisamente, sob a mera consideração daquelas propriedades que apontam (marcas da idade) para a dissolução do monumento no geral, em lugar daquelas que traem a sua individualidade objectiva, originariamente coesa.

O século XIX intensificou ao máximo, porém, não apenas a valorização do valor histórico, como também procurou introduzir a sua protecção legal. A crença num cânone artístico objectivo, que, desde o Renascimento, começara novamente a vacilar, porquanto os Antigos, a quem se recorrera anteriormente, não se mostraram continuamente à altura deste título, foi, durante o século XIX, transposta em certa medida para todos os períodos artísticos; isto explica igualmente o incremento, sem paralelo à época, da investigação histórica. De acordo com as concepções do século XIX, deveria alojar-se uma parte do cânone eterno em todas as formas artísticas; cada uma delas merece assim a conservação eterna dos seus testemunhos para nossa satisfação estética, e as suas obras teriam, por isso, de ser rodeadas, considerando os inúmeros e conflituosos valores de actualidade, com os muros protectores de uma lei. As leis e disposições legais do século XIX estavam completamente adaptadas à concepção de que nós teríamos a haver-nos, nos monumentos não intencionais (juntamente com os valores artísticos presuntivamente objectivos), apenas com um valor histórico, razão pela qual tiveram de se revelar insuficientes, quando o valor de antiguidade se começou a fazer sentir.

Neste breve apanhado sobre o desenvolvimento do culto dos monumentos pode-se evocar ainda alguns fenómenos difíceis de se congraçarem à primeira vista com as interpretações já feitas.

Ao encontrarmos já na Antiguidade exemplos individuais, fidedignos, de conservação piedosa de todas as obras de arte antigas, não devemos de modo algum vislumbrar neles sintomas de um culto dos monumentos não intencionais, mas exclusivamente o culto de representações vivas, em particular religiosas, que como tal não possuíam valor de memória (de monumento), mas sim um valor de actualidade muito real; a piedade não valia para a obra humana, mas para a divindade que se sedeara (provisoriamente) na forma perecível. Por causa desta pretensão à imperecibilidade do seu valor de actualidade, toda e qualquer estátua antiga de um deus, por exemplo, podia ser considerada um caminho directo para um monumento intencional, se não lhe faltasse, por outro lado, um sinal distintivo de um tal monumento em geral: o de uma imortalização de um momento determinado, seja ele o de um feito individual ou o de um destino individual.

Nos inícios da era imperial romana, encontramos, pelo contrário, um indesmentível culto das obras de arte antigas somente por mor da arte; talvez seja esta a mais impressionante entre as inúmeras analogias que essa época oferece com a nossa própria época moderna. Plínio e Petrónio, nomeadamente, transmitiram-nos inúmeros testemunhos do gosto do seu tempo por antiguidades; há também fenómenos concomitantes que se repetem em ambos os períodos – a preferência por obras de arte mais antigas em detrimento das mais modernas. Ora, ainda hoje conhecemos muitíssimo pouco as circunstâncias a partir das quais se formou a arte da era imperial romana que principiava a desenvolver-se, para que possamos ver um tão surpreendente fenómeno com suficiente clareza. Salta à vista, porém, que os amadores de arte, segundo os relatos de que dispomos, se aferravam exclusivamente à obtenção de obras de escultores e pintor famosos dos séculos V e IV a.C. É impossível que seja um acaso o facto de os coleccionadores se comportarem não tanto como amadores de arte, mas antes como coleccionadores de raridades. Parece, por conseguinte, ter-se tratado de um desporto de um certo número de pessoas muitíssimo ricas, que cuidavam de criar novos valores, a fim de sobrepujarem outrem ao nível das posses, e o declínio da crença no panteão dos dozes deuses dos gregos antigos pode ter dado a sua achega, de um ponto de vista exterior, a este processo. Também o consequente desvanecimento célere e sem rastos de todo o fenómeno, de que no século III já não se fala, milita em favor do facto de que não se tratou de um movimento profundo do espírito antigo. Que o Estado não proteja por via legal uma tal bolsa de raridades é inteiramente compreensível. Que o fenómeno também deve ter estado num determinado nexo com o desenvolvimento geral das artes plásticas no início da era imperial não será desmentido por nenhum historiador. Pensar-se-á, em primeiro lugar, na então nova e impressionantemente mobilizadora percepção óptica das coisas e na sua correspondente reprodução nas artes plásticas, que pura e simplesmente como tal, recorde-se, é igualmente característica do nosso tempo moderno. Talvez este gosto dos romanos dos séculos I e II d. C por antiguidades se venha a revelar, após uma investigação mais minuciosa, um precursor em certa medida anacrónico do valor de memória moderno. Em todo o caso, não se associou a isso nenhum desenvolvimento ulterior, pois a era das migrações dos povos sentiu tudo isto antes como piedade pela antiga arte pagã, mil vezes confundida com a crença nos deuses.

Deste modo, uma investigação especializada poderia ter como resultado que o valor de antiguidade começou a dar sinais de si já muito antes do início do século XX, quando se tornou uma potência cultural decisiva, manifestando-se obscura e limitadamente no particular. Mas, por outro lado, temos de nos guardar de tomar em consideração manifestações que possuem apenas uma semelhança exterior com o culto do valor de antiguidade. Isto é válido em particular para o culto das ruínas que foi anteriormente (p. 15) escolhido também como um exemplo do valor de antiguidade moderno, mas, por outro lado, pode ser rasteado até ao século XVII. O culto moderno das ruínas é precisamente, apesar de uma concordância exterior na tendência fundamental, completamente diferente do anterior, o que naturalmente não só não exclui uma conexão evolutiva como a requer de imediato. Que já os pintores de ruínas do século XVII, e na verdade os mais nacionais entre eles – os Holandeses –, empregavam quase exclusivamente ruínas antigas, prova que já estava em jogo um momento histórico determinado: tudo o que era romano passava então como emblema do maior poder e sublimidade terrena. A visão da ruína deveria tornar o espectador consciente do genuíno contraste barroco entre a grandeza de outrora e a degradação do presente. Desta ressoa o lamento pela queda profunda e, por conseguinte, o desejo de que aquilo que aconteceu pudesse ser conservado: o que constitui o valor estético do *pathos* barroco é como que um revolver voluptuoso na dor, ainda que ocasionalmente suavizado pelo acrescento de um inocente idílio pastoral. Nada é mais estranho a um moderno que o sentir barroco; as marcas da idade actuam sobre ele lenientemente como testemunhos do curso natural, regular, a que toda a obra humana está certa e infalivelmente sujeita. Os sinais de uma destruição violenta fazem que as ruínas de um castelo, mesmo proporcionalmente, pareçam menos apropriadas para evocar no espectador moderno uma pura disposição harmoniosa do valor de antiguidade; se recorremos a este exemplo, contudo, num passo anterior, para ilustrar o valor de antiguidade, tal só sucedeu porque, a partir das ruínas, um tal valor torna-se sonora e nitidamente perceptível, demasiado sonoro para proporcionar ao homem afectivamente impressionável moderno a redenção perfeita.

2. A relação do valor de memória com o culto dos monumentos

Distinguimos nos monumentos três valores de memória diferentes e temos agora de investigar que exigências ao culto dos monumentos resultam da índole de cada um destes valores individualmente. Seguidamente, cumpre considerar os restantes valores que um monumento pode oferecer ao homem moderno; enquanto valores de actualidade, podem contrapor-se em globo aos valores de passado ou de memória.

Na discussão do valor de memória, é de tomar como ponto de partida naturalmente o valor de antiguidade, não somente porque é o mais moderno e reclama para si o futuro, mas sobretudo porque apresenta proporcionalmente o maior número de monumentos.

A) O valor de antiguidade

O valor de antiguidade de um monumento trai-se à primeira vista pelo aspecto não moderno. Este aspecto não moderno não assenta assim tão especificamente numa forma estilística não moderna, pois esta pode muito bem ser imitada; se fosse esse o caso, o seu conhecimento e correcta apreciação estariam reservados quase exclusivamente ao relativamente diminuto círculo dos historiadores da arte eruditos, ao passo que o valor de antiguidade tem a pretensão de actuar sobre as grandes massas. A oposição ao presente, em que assenta o valor de antiguidade, trai-se antes numa imperfeição, numa falta de coesão, numa tendência para a dissolução de forma e cores, que se opõem directamente às propriedades das criações modernas, quer dizer, das recentemente produzidas.

Toda a actividade plástica do homem mais não é que a reunião num todo coeso, limitado por forma e cor, de um dado número de elementos dispersos na natureza ou dissolvidos informemente na generalidade da natureza. Nesta criação, o homem procede tal e qual como a própria natureza: ambos produzem indivíduos delimitados. Continuamos ainda hoje a exigir incondicionalmente este carácter coeso a toda a obra moderna. A história da arte ensina, na verdade, que o desenvolvimento da vontade artística do homem se pauta crescentemente por uma ligação da obra de arte individual com o que a rodeia, e a nossa época revela-se como a naturalmente mais avançada a este respeito; mas, apesar dos nossos *cottages* caprichosos, apesar de imagens como *A Filha de Jorio* de Michetti ([2]), onde se amputou da moldura justamente a cabeça de uma figura central no quadro, cujo restante corpo está totalmente visível, a reunião do todo nas linhas justas do contorno que isola a obra do resto continua a ser ainda hoje o postulado indispensável de toda a criação artística plástica; nesta coesão reside já um momento estético, um valor artístico elementar de que temos ainda de nos ocupar mais minuciosamente sob a designação de «valor de novidade», quando nos debruçarmos sobre os valores de actualidade. Nas obras modernas, por isso, a falta de coesão limitar-se-ia a desagradar-nos: daí que não construamos ruínas (excepto para as falsificarmos), e uma casa recém-construída cujo reboco se esboroa ou se cobre de fuligem perturba o espectador, dado que este exige de uma casa nova um acabamento sem falhas na forma e na policromia. No que acabou de ser feito, os sintomas

([2]) Francesco Paolo Michetti (1851-1929) pintor e fotógrafo italiano. A obra a que Riegl se refere é *La Figlia di Jorio*, (1895), 5,50 x 2,80m.

do passar do tempo não produzem uma disposição harmoniosa, mas antes dissonância.

Mas, logo que o indivíduo (tanto o que foi criado pelo homem como aquele que o foi pela natureza) está formado, tem início a actividade deletéria da natureza, a das suas forças mecânicas e químicas que dissolvem novamente o indivíduo nos seus elementos e pretendem ligá-lo ao todo amorfo da natureza. Conhece-se pelas marcas desta actividade que um monumento não foi produzido no presente mais chegado, mas sim num tempo mais ou menos recuado, assentando o valor de antiguidade de um monumento, por conseguinte, na perceptibilidade distinta de tais marcas. As ruínas, como já se disse, oferecem o exemplo mais drástico disto, dado que se geram a partir de um todo outrora coeso de um castelo através do gradual desmoronar de grandes partes tangíveis; o valor de antiguidade, contudo, impõe-se de longe com maior eficácia através do efeito perceptível aos sentidos, menos violento e mais óptico que háptico, da destruição da superfície (erosão, pátina), além dos cantos e as esquinas gastas e coisas desse género, onde se dá a ver o trabalho de dissolução operado pela natureza, sem dúvida lento, mas certo e incessante, regular e, por isso, irresistível.

A lei estética fundamental do nosso tempo que assenta no valor de antiguidade pode-se formular nos seguintes termos: exigimos da mão humana a produção de obras coesas como emblemas do nascimento necessário e regular; da natureza actuante no tempo, pelo contrário, exigimos a dissolução do coeso como emblema de um não menos necessário e regular perecer. Nas obras humanas ainda frescas perturbam-nos as manifestações do perecer (a degradação temporã); tal como nas obras humanas e antigas, as manifestações de fresca feitura (restauros que se destacam como tais). É antes a percepção serena do ciclo puro, regular, do nascer e perecer naturais que alegra o homem moderno desde o início do século XX. Toda a obra humana é assim compreendida como um organismo natural em cujo desenvolvimento a ninguém é lícito intervir; o organismo deve viver livremente a sua vida até ao fim, e o homem pode, quando muito, preservá-lo de uma morte temporã. Assim, o homem moderno divisa no monumento um pedaço da sua própria vida e sente toda a intervenção naquele com perturbação, como se de uma intervenção no seu próprio organismo se tratasse. Ao reinado da natureza, incluindo as suas facetas deletérias e dissolventes, que é apreendida como renovação incessante da vida, parece conceder-se um direito igual ao reinado criativo do homem(*). O que, pelo contrário, deve ser rigorosamente evitado como desagradável é a interrupção arbitrária daquela lei, o alastrar do nascer ao perecer e, vice-versa, a inibição da actividade da natureza mediante mão humana, que se nos afigura como um puro sacrilégio criminoso, e a destruição temporã da criação humana através das forças naturais. Ora, se do ponto de vista do valor de antiguidade, o esteticamente operativo no monumento forem os sinais do perecer, da dissolução da obra humana e coesa através das forças mecânicas e químicas da natureza, resulta daí que o culto do valor de antiguidade não só não tenha interesse na conservação do monumento num estado inalterado, mas sim que deva considerar que um tal estado é contra o seu interesse. Assim como o perecer é algo permanente e incessante, a lei das órbitas, em cuja percepção parece assentar a própria satisfação estética do espectador moderno dos monumentos antigos, exige não a suspensão da conservação, mas sim o incessante movimento de alteração. O próprio monumento também não deve ser subtraído ao efeito dissolvente das forças naturais, na medida em que este se processar numa constância tranquila, regular e não, por exemplo, numa súbita destruição violenta, nem mesmo se estivesse em poder do homem atalhar tal efeito. Do ponto de vista do valor de antiguidade, só se deve

---

(*) Outros traços característicos da vida cultural moderna, em particular dos povos germânicos, que podem ser reconduzidos à mesma origem do valor de antiguidade são os esforços para a protecção dos animais, além de um sentido paisagístico em geral que já se intensificou por vezes a ponto de exigir não só um cuidado por plantas individualmente consideradas e florestas no seu todo, mas até uma protecção legal de «monumentos naturais», incluindo, deste modo, também massas materiais inorgânicas no círculo dos indivíduos que necessitam de protecção.

evitar incondicionalmente uma coisa, a saber, a intervenção arbitrária da mão humana naquilo que se tornou um monumento estabilizado; não pode sofrer nem aumento nem diminuição, nem uma reposição do que foi dissolvido no decurso do tempo pelas forças naturais nem uma subtracção do que de igual modo se acrescentou ao monumento, de tudo o que desfigura a sua forma original e coesa. A pura impressão redentora do perecer natural e regular não pode ser perturbada mediante o acrescento arbitrariamente enxertado de algo acabado de produzir. O culto do valor de antiguidade condena assim não só toda a destruição violenta do monumento às mãos do homem por ser uma intervenção criminosa na actividade dissolvente e regular da natureza, actuando assim, por um lado, no sentido da conservação do monumento, mas condena também, pelo menos em princípio, qualquer actividade conservadora, qualquer restauro, por ser uma intervenção não menos ilegítima no reinado das leis da natureza, pelo que contraria directamente a conservação do monumento. Pois não se pode ter dúvidas de que a actividade não inibida das forças naturais há-de levar, por fim, à destruição total do monumento. É correcto afirmar que as ruínas se tornam cada vez mais pitorescas, quanto mais partes suas entrarem em dissolução: o seu valor de antiguidade torna-se cada vez menos extensivo com o avanço da degradação, quer dizer, provocado por cada vez menos partes, mas em compensação torna-se mais intensivo, quer dizer, as partes que sobram actuam cada vez mais penetrantemente sobre o espectador. Este processo, porém, tem também os seus limites; pois se, por fim, a extensão do efeito se perder totalmente, já não resta igualmente qualquer substrato para o efeito intensivo. Um mero amontoado informe de pedras já não é suficiente para oferecer ao espectador o valor de antiguidade: tem de existir para tal pelo menos um traço ainda perceptível da forma original da obra humana de outrora, tal como foi produzida na sua época, ao passo que um amontado de pedras não passa de um conjunto de fragmentos mortos, informes, do todo da natureza, sem traço de uma produção viva.

Vemos assim o culto do valor de antiguidade a laborar para a sua própria destruição(*). Os seus partidários radicais não lavrarão qualquer protesto contra este corolário. A actividade dissolvente das forças naturais é primeiro tão lenta, que mesmo monumentos com milénios ser-nos-ão previsivelmente conservados pelo menos durante um tempo determinável – digamos que enquanto este culto previsivelmente durar. Ora bem, aquilo que nasce está em transformação constante e ininterrupta: aquilo que hoje é moderno e, correspondendo às leis de tudo o que nasce, se apresenta como individualmente coeso, tornar-se-á gradualmente um monumento e apresentará as mesmas falhas que as forças naturais, reinantes no tempo, por fim, arrancaram infalivelmente à resistência dos monumentos que chegaram até nós. Do ponto de vista do valor de antiguidade, não é necessário precisamente zelar pela conservação eterna dos monumentos que não surgiram outrora através da actividade humana, mas sim pela exibição eterna da órbita do nascer e perecer, e tal fica garantido, desde que outros monumentos tomem no futuro o lugar dos que hoje existem.

O valor de antiguidade tem de antemão, como já se indicou numa passagem anterior, perante todos os restantes valores ideais da obra de arte, algo que lhe permite crer que tem o direito de se dirigir a todos, de ser válido para todos sem excepção. Sustenta que está acima não somente da diferença de confissões, como também da diferença entre pessoas letradas e pessoas sem estudos, entre peritos em arte e pessoas desinformadas. E, com efeito, os critérios pelos quais se reconhece o valor de antiguidade são, por

(*) Naturalmente que nada está mais distante do culto do valor de antiguidade do que querer acelerar esta destruição. De modo nenhum considera, como poderia talvez parecer, as ruínas o objectivo último, mas prefere-lhe no seu lugar certamente, por exemplo, um castelo medieval bem conservado; pois se o efeito de memória deste último é sem dúvida menos intensivo que o das ruínas, é, em compensação, tanto mais extensivo e repara profusamente mediante a abundância e multiplicidade das marcas da idade por ela impostas aquela carência, na medida em que sendo embora uma obra humana cujo estado de dissolução é reduzido mostra, em troca, maior quantidade de obras humanas em estado de dissolução.

via de regra, tão simples, que podem ser apreciados por pessoas cujo cuidado constante pelo bem-estar físico e pela produção material de bens reclama todo o seu intelecto. Até o mais limitado camponês consegue distinguir entre um campanário antigo e um moderno. Esta vantagem do valor de antiguidade destaca-se nitidamente, sobretudo, perante o valor histórico que assenta numa base científica, sendo que esta só pode ser adquirida indirectamente através de uma reflexão intelectual, ao passo que o valor de antiguidade se revela ao espectador imediatamente, por meio da mais superficial percepção sensível (óptica) e, por isso, consegue falar directamente ao coração. Claro que a raiz do valor de antiguidade foi outrora a raiz científica do valor histórico; mas o valor de antiguidade quer significar precisamente o progresso da ciência para todos, tornar útil ao sentimento o que o entendimento subtileza – analogamente àquilo que o Cristianismo fez no fim da Antiguidade, ao considerar de modo meramente histórico, à luz da razão humana e não à luz da revelação divina (em que não se podia naturalmente tocar) o núcleo constante daquilo que a filosofia grega inventara para a classe intelectual da Antiguidade, tornando-o compreensível às massas para sua salvação – àquelas massas que nunca podem ser conquistadas e convencidas com argumentos racionais, mas somente com o apelo ao sentimento e às necessidades que são as dela.

Ora, esta pretensão à validade universal é também aquilo que impele irresistivelmente os partidários do valor de antiguidade a comportarem-se com os modos intolerantes dos conquistadores. Não há, segundo a sua convicção, felicidade estética a não ser no valor de antiguidade. Sentido instintivamente há muito tempo por milhares de pessoas, mas propagado abertamente, de início, apenas por pequenos grupos de belicosos artistas e leigos, o valor de antiguidade conquista dia-a-dia mais partidários. Isto deve-o ele não apenas a uma zelosa propaganda técnica, mas decerto, em parte decisiva, à força que nele jaz, de acordo com a convicção dos seus partidários, para dominar todo um futuro. A conservação moderna dos monumentos terá de contar, por isso, e mais concretamente em primeiríssima linha, com o que não pode nem deve naturalmente impedir, a saber, deve examinar também os restantes valores de um monumento – os valores de memória bem como os valores de actualidade – na sua razão de ser, quando se tratar de ponderar o referido valor contra o valor de antiguidade e, quando este último for tido como menor, acautelar o primeiro.

B) O valor histórico

O valor histórico de um monumento assenta no facto de representar um grau totalmente determinado, como que individual, da evolução de uma dada área da criação humana. Deste ponto de vista, interessam-nos no monumento não as marcas da influência dissolvente da natureza que se fez valer no tempo decorrido desde a sua génese, mas o facto de ter sido criado outrora como obra humana. O valor histórico é tanto mais elevado quanto mais claro for o grau em que se revela o estado coeso, original, que o monumento possuía imediatamente ao ser produzido; a desfiguração e dissolução parciais são, para o valor histórico, uma intervenção perturbadora, malquista. Isto aplica-se em igual medida ao valor histórico-artístico bem como ao valor histórico-cultural e, naturalmente, com maioria de razão a todo o valor cronológico. Que o Pártenon, por exemplo, nos tenha sido conservado apenas como ruína é algo que o historiador só pode lamentar, se o considerar como monumento de um dado grau de desenvolvimento da construção de templos grega ou da técnica de cantaria ou das representações cultuais e das liturgias, etc. A tarefa do historiador é colmatar novamente, com todos os meios auxiliares de que possa lançar mão, as lacunas que os influxos da natureza infligiram no decurso do tempo à criação original. Os sintomas da dissolução, que são a questão principal para o valor de antiguidade, devem ser eliminados por todos os meios, do ponto de vista do valor histórico. Ora, isto não pode ocorrer no próprio monumento, mas somente numa cópia ou em meros pensamentos e palavras. Ou seja, também o valor histórico considera o monumento original fundamentalmente como intocável, mas por um motivo totalmente diferente do do valor de antiguidade. Para o valor histórico, não se trata de conservar as marcas da idade, as modificações provocadas pelos influxos da natureza ao longo do tempo transcorrido desde a génese, tais marcas são-lhe no mínimo indiferentes, quando não incómodas; trata-se antes de preservar apenas um documento falsificado o menos possível para uma actividade futura de aperfeiçoamento por parte da investigação histórico-artística. Sabe que todo o cálculo e aperfeiçoamento humanos estão expostos ao erro subjectivo; por isso, o documento, como único objecto solidamente dado, tem de ser conservado intacto, quanto ser possa, a fim de controlar as nossas tentativas de aperfeiçoamento posteriores, que poderão eventualmente vir a ser substituídas por outras melhores e mais bem fundamentadas. Esta concepção reveste-se de imediato da sua expressão mais taxativa na sua distinção fundamental perante a concepção do valor de antiguidade, quando se levanta a questão do tratamento apropriado de um monumento de acordo com as exigências do valor histórico. Já não se pode anular as dissoluções ocorridas até à data pelas forças da natureza e não devem, por isso, mesmo do ponto de vista do valor histórico, ser novamente eliminadas, mas as dissoluções seguintes, de hoje em diante e para o futuro, tal como o valor de antiguidade por si não só tolera, como até postula, não são inúteis do ponto de vista do valor histórico, mas são francamente de evitar, dado que toda a dissolução seguinte dificulta o apuramento científico da obra humana originária no estado nascente. O culto do valor histórico tem de entrar em linha de conta, deste modo, no que toca à maior conservação possível do monumento no estado em que hoje se encontra e, por isso, tem de levar forçosamente à exigência de que a mão humana intervenha inibidoramente no curso do desenvolvimento natural e que detenha o avanço normal da actividade dissolvente das forças da natureza, tanto quanto tal estiver em poder do homem. Assim, vemos os interesses do valor de antiguidade e do valor histórico, se bem que ambos sejam valores de memória, a divergirem francamente um do outro no ponto decisivo da conservação dos monumentos. Como se pode dirimir este conflito? E, se tal não for possível, qual dos dois valores é de sacrificar ao outro?

Se nos lembrarmos que o culto do valor de antiguidade nada mais apresenta que o produto maduro do culto centenário do valor histórico, poderíamos estar inclinados a declarar hoje este último como uma fase ultrapassada; para o tratamento prático dos monumentos deduzir-se-ia o corolário de que, onde quer que se dê um conflito entre ambos os valores de memória, o valor histórico deveria ceder terreno por ser mais antiquado. Mas já estará a vigência do valor histórico assim tão completamente ultrapassada? Será missão sua ceder aos precursores e aríetes do valor de antiguidade, terá ela já terminado realmente, mesmo que só no essencial?

Até os partidários mais radicais do valor de antiguidade, que ainda hoje pertencem preponderantemente à classe cultivada, teriam de professar o primeiro, de que o comprazimento que sentem perante um monumento não brota somente do valor de antiguidade, como também, em boa parte, da satisfação que extraem do facto de classificarem intelectualmente o monumento segundo os conceitos estilísticos existentes, de poderem explicá-lo como Antigo ou Gótico ou Barroco, etc. Para eles, o saber histórico torna-se, por conseguinte, um manancial estético, juntamente com o sentimento daquele valor de antiguidade e a par dele. Esta satisfação não é, sem dúvida, imediata (quer dizer, artística), mas sim uma satisfação reflectida cientificamente, pois pressupõe conhecimentos de história da arte; mas prova irrefutavelmente que nós, na nossa avaliação do valor de antiguidade, ainda não nos tornámos tão independentes dos primeiros estádios preliminares históricos, de modo a que pudéssemos agora prescindir completamente dos respectivos conhecimentos, quer dizer, do interesse pelo valor histórico. E se nos voltarmos hoje dos letrados eruditos para os letrados medianos, que constituem sem dúvida a grande massa dos interessados em geral pelos valores culturais ideais, encontramos mesmo entre estes, por via de regra, uma divisão geral dos monumentos em medievais (os antigos são entre nós, na Europa Central, relativamente raros para serem reconhecidos e apreciados como uma classe geral), da época moderna (Renascimento e Barroco) e modernos, o que tem por pressuposto, por sua vez, um à-vontade, ainda que muito tosco, na história da arte e prova agora que nós, porém, ainda não conseguimos separar de modo assim tão puro o valor de antiguidade, enquanto objectivo que os pioneiros da mais recente evolução tinham em vista, do valor histórico. Isto exprime--se também num certo tipo de fenómenos, por exemplo, na condição de ruína que achamos mais adequada num castelo medieval e mais correspondente ao nosso desejo de disposição harmoniosa que num palácio barroco, que nos parece obviamente demasiado recente para se encontrar em tal condição. Postulamos, por conseguinte, uma relação determinada entre o estado de dissolução, que constitui o monumento como tal, e a sua idade, o que tem novamente por pressuposto um determinado conhecimento das mais importantes fase epocais, quer dizer, uma certa quantidade de saber relativo à história da arte.

De tudo isto resulta pelo menos o seguinte: o valor de memória, que hoje forma precisamente uma das mais importantes potências culturais, na sua versão absoluta como valor de antiguidade, ainda não chegou a um tal amadurecimento universal, de molde a já podermos prescindir completamente da sua versão histórica. O valor histórico, assentando numa base científica, também nunca consegue apoderar-se das massas imediatamente, tal como sucede aos princípios doutrinais da filosofia; mas, de modo semelhante ao que já foi indicado a respeito do papel análogo da filosofia na Antiguidade numa passagem anterior (p.33), vemos nos tempos mais recentes, de há quatro séculos a esta parte, o interesse histórico a laborar ininterruptamente e em medida sempre crescente, no sentido de tornar acessível às massas o significado redentor do conceito de evolução, para este desiderato também está longe de se ter descoberto, mesmo no valor de antiguidade, a última e definitiva fórmula. Daí a fome permanente por cultura que hoje se encontra completamente sob o signo do conceito de evolução histórica, se bem que não faltem vozes que não gostariam de vislumbrar na própria cultura histórica nem a finalidade da cultura humana nem o meio fiável de alcançar essa finalidade.

Ainda hoje, por conseguinte, temos todas as razões para fazer jus, tanto quanto possível, às exigências da investigação histórica, quer dizer, às necessidades de valores históricos por ela satisfeitas, e para as não tratar como simples *quantité negligéable*, quando colidem com as exigências do valor de antiguidade. Pois senão correr-se-ia o perigo de prejudicar os próprios interesses mais elevados a que se deve servir com a manutenção do valor de antiguidade, se se deixasse de parte e se negligenciasse antes de tempo o valor histórico a que se deve o desenvolvimento moderno e, em ligação com ele, a formação do valor de antiguidade.

Felizmente, os pretextos exteriores para um conflito entre o valor de antiguidade e o valor histórico em questões práticas de conservação dos monumentos são de longe menos frequentes do que nos poderia parecer à primeira vista. Ambos os valores concorrentes estão, em geral, numa relação inversamente proporcional; quanto maior o valor histórico, tanto menor o valor de antiguidade. Sendo o valor histórico o mais sólido, como que objectivamente mais tangível, e que por isso se impõe mais vigorosamente, o valor de antiguidade, mais interior, é obrigado a recuar, situação que se intensifica, sobretudo nos casos em que se trata de monumentos intencionais, até à quase supressão do valor de antiguidade. O momento individual, que o valor histórico torna sensível, parece então mais importante do que a própria evolução; actua imperativamente, como tudo o que é individual, como presente, a fim de se tornarem também suficientemente perceptíveis, a par daquele, o passado e a efemeridade, em cuja consciencialização assenta o valor de antiguidade.

Perante as colunas de Ingelheim no castelo de Heidelberg([3]), cada qual pensa tão preponderantemente no palácio de Carlos Magno, que elas adornaram no passado, que, desse modo, o efeito afectivo da antiguidade absoluta é quase completamente sufocado. Num tal caso, não há nenhuma dúvida de que o tratamento adequado do monumento serviria as exigências do culto histórico e

([3]) Fontes antigas, nomeadamente o cronista Sebastian Münster na sua obra *Beschreibung Ingelheims*, afirmam que as colunas vieram de Roma e Ravena, por ordem de Calos Magno, para Ingelheim, tendo sido depois levadas para o edifício da fonte do castelo de Heidelberg pelo Príncipe-Eleitor Philipp.

não as do culto da antiguidade. Ao invés, em todos os casos em que o valor histórico («documental») do monumento é insignificante, o seu valor de antiguidade é destacado tanto mais unilateral e vigorosamente, e então preconiza-se também um tratamento do monumento adequado às exigências do valor de antiguidade.

Mas não raro dá-se a possibilidade de que o próprio valor de antiguidade tenha de exigir a intervenção da mão humana, noutras circunstâncias tão rigorosamente proibida, no ciclo vital de um monumento. É o que acontece quando o monumento, por causa de uma destruição precoce através das forças da natureza, ameaça ruir por uma dissolução anormalmente rápida do seu organismo. Quando, por exemplo, percebemos que um fresco na parede exterior de uma igreja, até à data bem conservado, começou recentemente a perder a tinta a cada chuvada, de tal modo que o fresco ameaça desaparecer debaixo dos nossos olhos num prazo curtíssimo, um partidário do valor de antiguidade não se oporá hoje a que se instale um telheiro de protecção sobre o fresco, ainda que tal signifique sem dúvida uma intervenção inibitiva de mãos humanas modernas no curso autónomo das forças da natureza. A dissolução precoce do organismo de um monumento opera em não menor medida como uma intervenção violenta, sem qualquer regularidade, desnecessária, e por isso é perturbadora, por mais que parta igualmente não do homem, mas sim da própria natureza. Se o próprio homem mais não é, de facto, do que um fragmento de força natural, mas sem dúvida particularmente violento, a partir do qual se explica também o fenómeno de que mesmo uma intervenção violenta do homem na vida de um monumento pode actuar sobre nós, modernos, produzindo uma disposição harmoniosa, logo que tenha passado um tempo suficientemente longo desde aquela intervenção (as ruínas do castelo de Heidelberg); porque, a um olhar de uma certa distância, o operar humano, que, visto de perto, actua de modo violento e perturbador, é sentido como sendo tão regular e necessário como o operar natural, de que nos parece fazer parte.

No primeiro caso mencionado (exigência de um telheiro de protecção por cima de um fresco), vemos, pois, o valor de antiguidade a exigir também aquela conservação do monumento por intermédio de mão humana; o valor histórico, como de costume em oposição ao valor de antiguidade, só a postula obrigatoriamente do ponto de vista da sua necessidade indeclinável de conservação do facto documental; pois a mais leve intervenção de mãos humanas surge ao culto da antiguidade como o menor dos males perante a intervenção brutal da natureza. Os interesses de ambos os valores andam juntos em tal caso, pelo menos exteriormente, se bem que ele só tenha que ver com o valor de antiguidade por um retardamento e com o valor histórico por uma inibição completa do processo de dissolução; para a conservação dos monumentos nos dias de hoje, o principal continua a ser, em primeiro lugar, suscitar a aparência de que se evitou um conflito entre os dois valores.

Se, por conseguinte, de modo nenhum tem de se dar um conflito no tratamento de todo o monumento entre o valor de antiguidade e o valor histórico, resta a possibilidade de se continuar a dar com bastante frequência azo a tal, sobretudo nos casos em que os valores na sua capacidade de impressão sobre o espectador se equilibram reciprocamente. Tudo se passa como se fossem um princípio conservador e um radical. O valor histórico representa o conservador, pois este quer saber tudo conservado, mais concretamente, nas condições em que presentemente se encontra. Perante este, o valor de antiguidade encontra-se em vantagem, dado que representa o princípio praticamente mais fácil de realizar, no fundo o único que pode ser realizável. A conservação eterna não é no fundo possível; pois as forças naturais acabam por ser mais vigorosas que todo o engenho humano, e mesmo o homem, oposto como indivíduo à natureza, acaba por se dissolver nela. Em questões da conservação, o conflito dificilmente virá a desenvolver formas mais agudas mediante providências externas, naquelas ambos os valores podem até andar a par e passo, em virtude do que se acabou de expor, mas, na maior parte das vezes, apenas em questões de restauro que se ligam à alteração de forma e cor; pois o valor de antiguidade é desigualmente mais perceptível em tais questões do que o valor histórico. Se numa velha torre se remover umas poucas pedras estaladas e forem substituídas por novas, o valor histórico da torre não sofrerá uma perda de vulto, dado que, acima de tudo, a forma básica original permaneceu idêntica e encontra-se suficientemente conservada para a apreciação de todas as questões históricas suplementares, de modo que as poucas pedras trocadas ficam totalmente fora de consideração a esse respeito, ao passo que, para o valor de antiguidade, estes pequenos acrescentos só por si, sobretudo se aquelas pedras, mediante as suas «novas» cores (às quais a modernidade é particularmente susceptível enquanto elemento relativo-subjectivo no interior do fenómeno total e objectivo de cada coisa), sobressaem garridamente da massa do antigo, podem surgir em grande medida como perturbadores.

Por fim, deve observar-se que o culto do valor histórico, ainda que conceda ao mero estado original de um monumento pleno valor documental, não deixa de atribuir também à cópia um valor limitado, se o original (o «documento») se perder irremediavelmente. Em tais casos, só se poderá dar um conflito insolúvel com o valor de antiguidade, se a cópia aparecer em certa medida não como aparelho auxiliar da pesquisa científica, mas como substituto do original com pleno valor, com pretensão a uma apreciação histórica-estética (Campanário de São Marcos[4]). Enquanto se puderem dar tais casos, o valor histórico ainda não pode ser considerado como ultrapassado, o valor de antiguidade ainda não pode ser considerado como o único valor de memória da humanidade, esteticamente decisivo. Por outro lado, podemos acalentar a esperança de que, dada a crescente formação dos meios de reprodução técnico-artística, num futuro previsível (sobretudo depois da invenção da fotografia a cores absolutamente permanente e da sua ligação com a reprodução gráfica como se de fac-similes se tratasse) se possa encontrar um meio de substituição perfeito para os documentos originais, e assim seja progressivamente satisfeito aquele requisito da pesquisa histórica, científica, que apresenta a única fonte de um conflito possível com o valor de

(4) O milenar Campanário de São Marcos ruiu em 1902. A reconstrução teve início em 1903 sob a égide da frase proferida pelo sindicalista Fillipo Grimani, aquando do lançamento da primeira pedra: *dov'era com'era.*

antiguidade, sem desvalorizar o original através de intervenções humanas, no que ao culto da antiguidade diz respeito.

C) O valor de memória intencional

O valor histórico já mostrara, perante o valor de antiguidade que valoriza o passado exclusivamente enquanto tal, a tendência para seleccionar um momento histórico-evolutivo do passado e pô-lo debaixo dos nossos olhos tão nitidamente, como se ele pertencesse ao presente. O valor de memória intencional tem em geral, desde o início, quer dizer, desde a edificação do monumento com um fim específico, de fazer que, em certa medida, um momento nunca se torne passado, tem de mantê-lo sempre presente e vivo na consciência dos vindouros. Esta terceira classe de valores de memória forma, pois, a passagem evidente para os valores de actualidade.

Enquanto o valor de antiguidade se funda exclusivamente no perecer, o valor histórico quer, na verdade, deter o perecer de hoje em diante, mas sem que o perecer que teve lugar até aos dias de hoje visse deste modo a sua existência justificada, o valor de memória intencional levanta a pretensão de imperecibilidade, ao presente eterno, a um incessante estado nascente. As forças naturais dissolventes que contrariam a realização desta pretensão devem por isso ser zelosamente combatidas; os seus efeitos, repetidamente neutralizados. Uma coluna comemorativa, por exemplo, cuja inscrição estivesse apagada cessaria de ser um monumento intencional. O restauro constitui, por conseguinte, o postulado basilar do monumento intencional.

O carácter do valor de memória intencional como valor de actualidade exprime-se, além disso, também no facto de ser desde sempre protegido da intervenção deletéria de mãos humanas através da legislação.

Nesta classe de monumentos, o conflito com o valor de antiguidade está de antemão e ininterruptamente dado por natureza. Sem restauro, os monumentos cessariam acto contínuo de ser intencionais; daí que o valor de antiguidade seja de raiz o inimigo figadal do valor de memória intencional. Enquanto os homens não renunciarem à imortalidade terrena, também o culto do valor de antiguidade encontra as suas barreiras inultrapassáveis no culto do valor de memória intencional. Este conflito implacável entre valor de antiguidade e valor de memória intencional importa, contudo, menos dificuldades para a conservação dos monumentos do que poderíamos supor à primeira vista, porquanto o número de monumentos «intencionais» é relativamente escasso perante a grande massa dos que são pura e simplesmente não intencionais.

3. A relação dos valores de actualidade com o culto dos monumentos

A maioria dos monumentos possuiu igualmente a capacidade de satisfazer aquelas necessidades sensíveis ou intelectuais das pessoas para cuja saciação as novas formas modernas tão bem se prestam (quando não ainda melhor), e naquela capacidade, onde não está em causa, evidentemente, a génese no passado e o valor de memória que nela se escora, assenta o valor de actualidade de um monumento. Do ponto de vista deste valor, estaremos dispostos antecipadamente a considerar o monumento não como uma tal forma, mas sim igual a uma forma moderna acabada de ser produzida e, por isso, também a exigir do monumento (antigo) a manifestação exterior de cada obra humana (nova) no seu estado nascente (ver p. 28 e ss.): quer isto dizer a impressão de completa coesão e intangibilidade relativamente aos influxos deletérios naturais. Pode-se, sem dúvida, tolerar sintomas destes últimos, consoante a natureza do valor de actualidade que estiver a ser considerado; mas estes acabarão por colidir, mais cedo ou mais tarde, com limites inultrapassáveis, para além dos quais o valor de actualidade seria impossível e nos quais tem assim de esforçar-se por se impor contra o valor de antiguidade. O tratamento de um monumento segundo os princípios do culto do valor de antiguidade que, por princípio, gostaria de deixar as coisas, sempre e na prática, na maioria das vezes, entregue ao seu destino natural, tem sob todas as circunstâncias de levar a um conflito, por fim, com o valor de actualidade, a que só se pode pôr cobro através do abandono (total ou parcial) de um dos dois valores.

O valor de actualidade pode, como já ficou dito, brotar da satisfação de necessidades sensíveis ou espirituais; no primeiro caso, falamos de valor prático de uso ou simplesmente, de valor de uso; no último, de valor artístico. No valor artístico é de distinguir, além disso, entre o valor elementar ou de novidade, que se estriba no carácter coeso de obra acabada de ser produzida, e o valor artístico relativo, que se funda na concordância com a vontade artística moderna; e, a par disso, deve-se ter em atenção se o monumento deve servir a fins artísticos profanos ou eclesiásticos.

A) O valor de uso

A vida física é a condição prévia de toda a vida psíquica, e, nesta medida, é mais importante do que aquela, pois a vida física pode muito bem medrar sem a vida psíquica, superior; mas não vice-versa. Por isso, um edifício antigo, por exemplo, que ainda hoje está a uso prático deve ser conservado em boas condições relativamente às pessoas que o utilizam, não fosse ameaçar a segurança das suas vidas ou a sua saúde; todas as fendas abertas pelas forças naturais nas paredes ou no tecto têm de ser imediatamente colmatadas, as infiltrações têm de ser detidas tanto quanto possível ou mesmo neutralizadas, etc. Em geral, podemos, pois, dizer que ao valor de uso é decerto completamente indiferente, à partida, o tratamento a dar a um monumento, desde que não se toque na sua existência, de tal modo que, a este propósito, não lhe é lícito fazer absolutamente nenhuma concessão ao valor de antiguidade. Só nos casos em que o valor de uso se enreda no valor de novidade é que cumpre traçar mais rigorosamente os limites em que se concede ao valor de antiguidade um livre desenvolvimento – disto falar-se-á pormenorizadamente mais à frente.

Ora, que inúmeros monumentos profanos e eclesiásticos ainda hoje possuam a capacidade de ser usados praticamente e estejam efectivamente a uso é coisa que não é preciso comprovar. Se fossem retirados de uso, ver-nos-íamos obrigados, na maioria dos casos, a arranjar um substituto. Esta exigência é de tal maneira grave, que a exigência contrária do valor de antiguidade de deixar os monumentos entregues ao seu destino natural só pode ser levada em consideração, se se quiser produzir obras substitutas de pelo menos de igual valor a estes monumentos. A realização prática desta exigência, porém, só é possível em casos excepcionais, proporcionalmente diminutos, pois suscita dificuldades totalmente insuperáveis.

Obras em cuja produção trabalharam muitos séculos deveriam então ser substituídas de um só golpe, ou num prazo proporcionalmente muito curto, por obras novas, e, desta maneira, as forças de trabalho e os custos para cuja reunião foram precisos muitos séculos devem ser mobilizados de uma penada. A impossibilidade prática de um tal procedimento, mesmo com base num escalonamento ao longo de uma série de anos, é por demais evidente, ou seja, seria sempre necessário mais tempo. Em casos particulares, pode-se sempre lançar mão deste meio e a ele recorrer, mas elevá-lo a princípio está liminarmente excluído. Não é deste modo que se conseguirá expulsar do mundo o valor de uso da maioria dos monumentos.

De igual inevitabilidade são, por outro lado, as exigências negativas do valor de uso que se fazem notar, quando as considerações pelas necessidades físicas dos homens requerem a não conservação de um monumento, por exemplo, quando a dissolução natural de um monumento (por exemplo, de uma torre que ameaça ruir) põe em risco a integridade física das pessoas. Pois a consideração pelo valor do bem-estar físico suplanta, sem dúvida, qualquer consideração possível pela necessidade ideal do valor de antiguidade.

Mas supunhamos até que se possa criar realmente um substituto moderno para todo o monumento passível de uso, de tal modo que o original antigo, sem restauro, mas, consequentemente, também sem qualquer proveito e utilidade prática, poderia viver a sua vida até ao fim, até se desvanecer – ter-se-ia assim dado total provimento às exigências do valor de antiguidade? A questão não só é legítima, como deve ter uma resposta negativa sem mais; pois uma parte essencial daquele jogo vivo das forças da natureza, cuja percepção condiciona o valor de antiguidade, perder-se-ia de modo insubstituível juntamente com o termo da utilização do monumento por parte das pessoas. Quem poderia, por exemplo, vendo a catedral de São Pedro em Roma, renunciar ao cenário vivo dos modernos visitantes e das liturgias? Do mesmo modo, até o mais radical partidário do valor de antiguidade terá por mais perturbador do que criador de uma disposição harmoniosa a visão do sítio onde se incendiou uma moradia destruída por um raio, por mais que o resto possa apontar para o facto de a origem da construção recuar a vários séculos, ou a visão de uma igreja em ruínas numa rua movimentada: pois também aqui se trata de obras que estamos habituados a encontrar em pleno uso humano e que então nos chamariam a atenção incomodativamente, porquanto já não estão sujeitos ao uso que nos é familiar, suscitando assim a impressão de uma destruição violenta e insuportável até para o culto do valor de antiguidade. Os restos de monumentos que já não podem ter para nós significado prático e nos quais já não sentimos a falta da actividade humana como força natural eficiente, como por exemplo, as ruínas de um castelo medievo num ermo montanhoso e alcantilado ou as de um templo romano, mesmo nas movimentadas ruas de Roma, ostentam, pelo contrário, o encanto totalmente incólume do valor de antiguidade. Ainda não chegámos ao ponto de estabelecer o puro critério do valor de antiguidade de modo perfeitamente igual em todos os monumentos indiferenciadamente. Tal como distinguimos entre obras mais antigas e mais recentes, também distinguimos, com maior ou menor acuidade, entre obras passíveis de uso e as que o não são, e, por conseguinte, tal como no primeiro caso consideramos o valor histórico, consideramos no último o valor de uso juntamente com o valor de antiguidade e a par dele. Só conseguimos contemplar e fruir exclusivamente do ponto de vista do valor de antiguidade, sem nos deixarmos perturbar minimamente pelo valor de uso, as obras que não são passíveis de uso, ao passo que nas obras passíveis de uso somos sempre mais ou menos estorvados e incomodados, se elas não nos mostrarem o valor de actualidade habitual em obras desse tipo. É do mesmo espírito moderno que saiu o conhecido movimento contra as *prisons d'art* (5), pois o valor de antiguidade tem de se voltar, ainda mais energicamente do que o valor histórico, contra o arrancar de um monumento ao contexto, em certa medida orgânico, que foi o seu até ao momento, e o seu encarceramento em museus, se bem que seria aqui que menos se faria sentir a necessidade de restauros.

Ora, quando o uso prático continuado de um monumento possui igualmente a sua grande, e com frequência imprescindível, importância para o valor de antiguidade, a possibilidade de um conflito entre o valor de antiguidade e o valor de uso, que ainda há pouco nos parecia inevitável, ver-se-á novamente e de modo essencial reduzida. Nas obras da Antiguidade, entre nós relativamente raras, e da alta Idade Média não pode deflagrar com facilidade um tal conflito, porquanto estas obras já há muito tempo que se subtraíram, a não ser em casos excepcionais, a qualquer utilização prática. Nas obras de tempos mais recentes, pelo contrário, o culto do valor de antiguidade facilmente admitirá, mais uma vez ao contrário do caso anterior, as concessões necessárias à manutenção em condições de utilização, concessões essas que justamente deveriam possibilitar que se conservasse o préstimo destes monumentos para a actividade e utilização humana, tão desejada até do ponto de vista do valor de antiguidade. A possibilidade de um conflito entre o valor de uso e o valor de antiguidade, por conseguinte, está dada em primeiríssimo lugar naqueles monumentos que estão na linha de charneira entre o útil e o inútil, o medieval e o moderno, e, em tais casos, a vitória caberá, na maioria das vezes, àquele valor cujas exigências podem ser apoiadas paralelamente por outros valores.

---

(5) Riegl refere-se provavelmente ao artigo *Les prisons d'art* de Robert de la Sizeranne, *Revue des Deux Mondes*, 156, Novembro/Dezembro de 1899, que denunciava o encerramento da beleza/arte na prisão dos museus e a primazia da fealdade/útil na vida.

O tratamento de um monumento em caso de conflito entre valor de uso e valor histórico não tem necessidade de ser investigado aqui em pormenor, porquanto em tal caso já está dado em si e para si um conflito com o valor de antiguidade; só que o valor histórico, por ser bem mais sólido, conseguirá adaptar-se mais facilmente às exigências do valor de uso.

B) O valor artístico

Todo o monumento possui para nós, em virtude da concepção moderna (p. 12 e s.), valor artístico apenas na medida em que corresponde às exigências da vontade artística moderna. Estas exigências são de duas espécies. A primeira partilha o valor artístico moderno com o dos períodos artísticos anteriores, na medida em que qualquer obra de arte moderna, acabando de ser executada e por isso formando um todo coeso, não pode mostrar que está já sujeita à dissolução, nem na forma nem na cor (p. 27 e ss.). Por outras palavras, toda a obra nova possui já, só em função desta novidade, um valor artístico que se pode designar como o valor artístico elementar ou, abreviadamente, o valor de novidade. A segunda exigência, em que se manifesta não o que une mas o que separa a vontade artística moderna dos géneros anteriores da vontade artística, diz respeito à constituição específica do monumento ao nível de concepção, forma e cor; para isso poderemos utilizar a designação «valor artístico relativo», porquanto esta exigência não apresenta ao nível do seu conteúdo nada de objectivo e permanentemente válido, antes está em mudança contínua. Fica desde já claro que um monumento não pode corresponder completamente às duas exigências.

α) O valor de novidade

Dado que todo o monumento tem de experimentar, em maior ou menor grau, o efeito dissolvente dos influxos naturais, consoante a sua idade e o favor ou desfavor de outras circunstâncias, a coesão de forma e cor que o valor de novidade requer é simplesmente inalcançável pelo monumento. Este é também o motivo por que se considerou, ao longo de todos os tempos e muitas vezes até aos dias de hoje, as obras de arte visivelmente envelhecidas mais ou menos insatisfatórias para a respectiva vontade artística moderna. Está bem de ver o corolário: para que um monumento que tem em si as marcas da dissolução venha a agradar à vontade moderna do tipo mencionado, então, antes de mais, é necessário desembaraçá--lo das marcas da idade e assim, através de um aprimoramento generalizado ao nível da forma e da cor, ganha ele novamente o carácter de novidade, próprio do que acaba de ser produzido. O valor de novidade pode, por conseguinte, ser conservado de um modo que contradiz completamente o culto do valor de antiguidade.

Abre-se aqui a possibilidade de um conflito com o valor de antiguidade que sobrepuja em agudeza e hostilidade todos os conflitos anteriormente discutidos. O valor de novidade é, com efeito, o adversário mais formidável do valor de antiguidade.

A coesão do novo, de fresca feitura, que se expressa no mais simples critério – forma íntegra e policromia pura – pode ser apreciado por qualquer pessoa, mesmo que desprovida da formação adequada. Daí que o valor de novidade seja, desde sempre, o valor artístico das grandes massas de pessoas com poucos ou nenhuns conhecimentos, em contraposição ao qual o valor artístico relativo, pelo menos desde o início da época moderna, só pode ser apreciado por pessoas esteticamente educadas. O vulgo alegrou-se desde sempre com aquilo que se dava manifestamente como novo; em todos os tempos desejou ele, por conseguinte, ver as obras de mão humana somente como o operar criador e triunfante da força humana, e não o operar destrutivo das forças naturais, inimigas das obras humanas. Segundo as concepções do vulgo, só o novo e completo é belo; o velho, fragmentado, desbotado é feio. Esta concepção, velha de milénios, segundo a qual cabe à juventude uma primazia indubitável perante o velho, lançou raízes tão fundas que é impossível eliminá-la numas poucas décadas. Que se substitua um canto de um móvel gasto por um novo, que se remova o estuque enegrecido de um muro e se aplique um novo é tão óbvio para a maioria dos homens modernos, que a grande resistência em que tropeçaram os apóstolos do valor de antiguidade, quando entraram em cena, encontra aqui a sua explicação mais inteligível. Mas mais ainda, toda a questão dos monumentos do século XIX baseou-se numa parte essencial nesta concepção tradicional, dito com mais exactidão, numa fusão interior do valor de novidade com o valor histórico: toda a marca perceptível da dissolução mediante forças naturais deve ser eliminada; o lacunar ou fragmentário, completado; deve-se restaurar a unidade do todo. A restituição do documento ao estado nascente originário foi no século XIX o objectivo abertamente confessado e zelosamente propagado de toda a conservação racional dos monumentos.

Só com o aparecimento do valor de antiguidade por volta dos finais do século XIX é que nasceu a contradição e as lutas que podemos observar em quase todos os pontos, quando há monumentos a proteger. O antagonismo entre o valor de novidade e o valor de antiguidade está todo ele no centro da controvérsia que grassa actualmente, em parte nas mais acerbas formas, em torno do tratamento dos monumentos. O valor de novidade é o *beatus possidens* que deve ser esbulhado de uma posse milenar; o valor de antiguidade está bem ciente disto e não se acanha diante dos meios e das armas para vencer o adversário sitiado. Quando se trata de monumentos que já não possuem valor de uso, o valor de antiguidade já conseguiu impor a primazia dos seus princípios ao tratamento dos monumentos. Mas as coisas passam-se de maneira diferente, quando também estão simultaneamente em jogo as exigências do valor de uso: pois tudo o que está a uso irá, ainda hoje, dar a impressão aos olhos da grande maioria de que é novo e vigoroso, de que está no estado nascente, e renegará as marcas da idade, da dissolução, da perda das forças.

Além disso, há entre os monumentos profanos (dos eclesiásticos falar-se-á adiante a propósito disto) aqueles que a simples dignidade do proprietário – o *decorum* como se costumava dizer – exige a pura eliminação das marcas de dissolução; pois dignidade mais não significa que afirmação de si, coesão perante o mundo que o rodeia. Basta pensar como, por exemplo, o desleixo num castelo da alta nobreza ou num palácio governamental sumptoso, por exemplo através da queda ou do estalar do estuque, prejudicaria a reputação do proprietário aos olhos da multidão.

Parece que estamos ante um conflito insanável: por um lado, vemos a valorização do antigo por mor de si próprio, que condena por princípio toda a renovação do antigo; por outro, a valorização do novo por mor de si próprio, que ambiciona eliminar todas as marcas da idade como incómodas e desagradáveis. A imediatez com que o valor de novidade consegue agir sobre a multidão e que excede largamente, pelo menos hoje, aquela que foi reivindicada, numa passagem anterior (p.33), para o valor de antiguidade; e, além disso, a validade milenar, e mesmo, tanto quanto conseguimos vislumbrar no passado da história humana, permanente de que o valor de novidade gozou até ao momento e que homologou compreensivelmente por parte dos seus partidários a respectiva pretensão à validade absoluta e eterna, tornam, pelo menos provisoriamente, a sua posição quase inexpugnável. A partir deste mesmo ponto de vista, torna-se claro que o culto do valor de antiguidade necessita em grande medida, ainda hoje, de um trabalho prévio: o valor histórico ainda tem de partir muita pedra. Ainda hoje é necessário conquistar vastíssimas classes sociais para o culto do valor histórico, antes de, com o seu auxílio, a grande multidão estar madura para o culto do valor de antiguidade. Quando o valor de antiguidade tropeça no valor de novidade de um monumento com um valor de uso permanente, deve ter por objectivo adaptar-se tão bem quanto o consiga ao valor de novidade, não só por considerações práticas (do valor de uso, de que já se falou no capítulo anterior, p. 44 e ss.), mas também por considerações ideais, artisticamente elementares. Felizmente, esta tarefa não lhe está assim tão dificultada ainda hoje, como talvez possa parecer à primeira vista. Primeiro, o culto do valor de antiguidade também não nega completamente o direito à vida do valor de novidade em si e para si, quer isto dizer que só aos monumentos, isto é, às obras com um determinado valor de memória, é que ele é recusado, às obras novas, de fresca feitura, não só é expressamente concedido, como é hoje reclamado ainda mais aguda e unilateralmente que nas décadas transactas. A concepção moderna exige para as obras humanas de recente feitura não só uma coesão sem mácula na forma e na cor, mas também no estilo, quer dizer a obra moderna deve lembrar o menos possível, na concepção e no tratamento dos detalhes de forma e cor, as obras mais antigas. Exprime-se aí, claro está, a tendência evidente de separar com o maior rigor possível o valor de novidade e o valor de antiguidade; mas no reconhecimento do valor de novidade como um grande poder estético reside desde logo a possibilidade de um compromisso, assim que as restantes circunstâncias forem favoráveis para tal. E estas nunca faltam.

Já se indicou anteriormente (p. 45) que a actividade humana se deve contar entre as forças naturais que actuam vivamente na direcção dissolvente, pelo menos nos géneros de monumentos ainda hoje passíveis de uso e não completamente envelhecidos. A força humana operativa funciona aqui não arbitrária e violentamente, mas em certa medida com regularidade; o pôr a obra a uso através da força humana significa, por conseguinte, um desgaste e dissolução da obra, certamente lentos mas contínuos e, por isso, imparáveis. Assim se explica o motivo por que, ao vermos um monumento que tem condições para estar a uso, por exemplo, um palácio residencial numa rua animada, sem ser usado e ao abandono, nos invade uma dolorosa impressão de destruição violenta: parece-nos mais velho do que realmente é(*). Por esta razão, encontramos o culto do valor de antiguidade colocado na situação urgente de ter de os conservar, pelo menos tratando-se de monumentos dos tempos modernos passíveis de uso, num estado que lhes garanta a continuação do seu valor de uso. Ao valor de uso prático corresponde, porém, de acordo com o lado estético, o valor de novidade: em função deste deve, por conseguinte, o culto do valor de antiguidade, pelo menos ao nível hodierno do seu

(*) Inversamente, há pessoas que se sentem de início incomodadas ao usarem produtos novos em folha, por exemplo, vestes novas («uma chave nova não funciona lá muito bem»), o que não é de atribuir por atacado apenas à existência de uma resistência prática inicial, mas também a uma parcialidade estética.

desenvolvimento, tolerar uma certa medida de valor de novidade, ao menos em obras modernas e passíveis de uso. Se, por exemplo, no edifício gótico de uma câmara municipal, a cobertura de um baldaquino tivesse aluído num lugar bem visível, o culto do valor de antiguidade quedar-se-ia preferencialmente pela manutenção incólume desta marca de idade, mas hoje dificilmente se levantariam dificuldades substanciais, se o valor de novidade exigisse em nome do *decorum* a eliminação dos defeitos perturbadores e a reconstrução da cobertura na forma original (indubitavelmente salvaguardada). As acaloradas controvérsias que se travaram entre os partidários dos dois valores ligam-se antes a um corolário suplementar que se extraiu, no século XIX, do valor de novidade em favor do valor histórico.

Diz aquele respeito aos monumentos que não se conservaram completamente no plano original, mas que no decurso do tempo sofreram diversas modificações estilísticas por mão humana. Dado que o valor histórico assenta no conhecimento claro do estado original, assim sugeriu-se, numa época em que o culto do valor histórico em função de si próprio fora muitíssimo decisivo, a tendência de eliminar todas as modificações posteriores (limpeza, desentulhamento) e restaurar as formas originárias que foram suplantadas por tais modificações, quer estas formas tenham sido transmitidas com exactidão, quer não; pois mesmo algo que seja apenas semelhante ao original, muito embora seja uma invenção moderna, parece ao culto do valor histórico ainda mais satisfatório do que um ingrediente anterior, autêntico, mas estilisticamente deslocado. A esta tendência do culto do valor histórico liga-se a do valor de novidade, na medida em que o original que se pretendia restaurar deveria como tal mostrar um aspecto coeso e em que se sentia qualquer intervenção desadequada ao estilo original como uma interrupção da coesão, um sintoma da dissolução. Resulta daí o postulado da unidade estilística que levou por fim a que não apenas se eliminassem aquelas partes que não existiam originalmente e só foram acrescentadas num período estilístico posterior, completamente novo, como também a que as renovações se fizessem de forma adaptada ao estilo do monumento original. Pode-se dizer com razão que o tratamento dos monumentos do século XIX se estribou nos postulados da originariedade estilística (valor histórico) e unidade de estilo (valor de novidade).

Este sistema foi alvo da mais viva contestação, quando surgiu o culto do valor de antiguidade que não se preocupa com a originariedade estilística nem com a coesão, mas, ao contrário, com a interrupção de ambas. Neste caso, já não se trata para o culto do valor de antiguidade de conservar as concessões arrancadas ao valor de uso e ao valor de novidade, que lhe corresponde do lado estético, a fim de conservar para esta vítima um monumento em uso vivo, trata-se sim do abandono de quase tudo aquilo que no monumento constitui o seu valor de antiguidade em geral. Isto equivaleria a uma capitulação do valor de antiguidade, e, para a evitarem, os seus partidários declararam guerra aberta ao sistema anterior. Uma tal luta tem sempre por consequência exageros em sentido contrário, e obnubila-se assim a visão clara da situação objectiva, porquanto, sobretudo no seguimento dos exageros dos elementos mais novos, muito do que era correcto no sistema antigo, e que o novo também não poderá abandonar, é difamado, no calor da refrega, a par daquilo que é realmente insustentável. Ora, isso pode parecer, a quem não toma partido, ameaçado pela propaganda dos reformadores, e assim acaba-se por proporcionar um ponto de apoio imerecido àquilo que já não é sustentável no antigo sistema. Com efeito, o que está integralmente correcto relativamente ao culto do valor de antiguidade já abriu caminho gradualmente através da modificação incessante das concepções. Um exemplo disso poderia fazer as vezes de muitos. Há oito anos resolveu-se demolir o coro barroco da igreja matriz, que ainda não estava devoluto, na cidade velha de Münster, e substitui-lo por um gótico, recriando assim uma unidade estilística com a nave central, gótica. Há quatro anos renunciou-se, por motivos financeiros, a esta construção de um coro gótico de valor histórico muito duvidoso, mas de incontestável valor de novidade. Hoje, todos os partidários do velho e novo sistema são unânimes em declarar que a eliminação do coro da época de

Herberstorff ([6]), com que o violento e memorável triunfador dos camponeses reformados introduziu, inclusive em matérias artísticas, a Contra-reforma na Áustria superior, teria sido um crime não só contra o valor de antiguidade, mas também contra o valor histórico. Com esta concepção, nova mas partilhada na generalidade, parece que se o postulado da unidade estilística se vê em apuros mesmo num monumento eclesiástico (nos quais as dificuldades se revigoram por motivos a discutir já de seguida), e o abismo que se cavara entre os partidários do sistema antigo, pelo menos entre os que deles pensam, e aqueles que são escrupulosos, entre os mais recentes, é ultrapassado no local onde até ao presente fora maior.

O que se dissera provisoriamente do valor de novidade aplica-se em geral tanto aos monumentos profanos como aos eclesiásticos; tem de se atribuir de antemão à relação da Igreja católica(*) com o culto do valor de novidade uma importância particular, porquanto neste caso não está, como acontece com os monumentos profanos, nas mãos de todo o proprietário particular de um monumento determinar de que maneira quer ver o seu monumento tratado, mas a constituição rigidamente hierárquica da Igreja, até neste terreno afastado do dogma, deseja um tratamento unitário, e frequentemente põe-no em prática.

Na raiz, a arte religiosa e profana são uma e a mesma coisa, e, até ao início da era moderna, não se deu qualquer distinção de princípio entre a arte religiosa e a profana. Desde a Reforma, o Catolicismo ambiciona conservar estabilizada a unidade relativa entre ambas, que o Protestantismo pura e simplesmente abandonou; no entanto, desde então, a cisão, mesmo nos povos românicos,

([6]) Riegl refere-se a Adam Graf von Herberstorff (1585-1629) nobre e oficial austríaco oriundo de uma família Protestante. Em 1614 converteu-se ao Catolicismo, tendo sido um dos principais, e violentos, agentes da re-catolização austríaca segundo os preceitos da Contra-reforma

(*) Uma vez que as visões e constituições das restantes igrejas existentes na Áustria não permitem apresentar aquelas dificuldades em que embatem por vezes a conservação dos monumentos na Igreja católica, podemos cingir os nossos desenvolvimentos sobre a arte eclesiástica e a conservação dos monumentos à relação da Igreja católica com as questões referidas.

vem-se tornando gradualmente cada vez mais evidente, até que, desde o século XIX, se tornou, ao que parece, intransponível. No século XX, entrámos, por fim, numa constelação tal, que uma imagem pintada de temas religiosos segundo os princípios reitores da arte moderna, por exemplo, de Fritz von Uhde ([7]), não tem qualquer préstimo para efeitos de devoção católica. Pois em tais imagens, por exemplo, Cristo aparece concebido como um homem moderno que de certo modo consuma por si próprio a sua redenção, ao passo que, segundo a concepção eclesiástica, é inevitavelmente necessário para tal o Cristo sobrenatural e, em sua representação, a Igreja como mediadora. As figuras dos santos da escultura e pintura eclesiásticas também não podem ser identificadas connosco, espectadores, mas têm de dar a perceber uma existência objectivamente independente e coesa. Já a concepção de Rembrandt, que procurava o divino no homem e, por conseguinte, o tornava drasticamente visível, não conseguia contentar o Catolicismo, e, neste capítulo, Rembrandt já foi ultrapassado em larga escala. O normativo, forçosamente exigido por toda a forma eclesiástica, e, por conseguinte, também o sendo pela arte eclesiástica, parece precisamente incompatível com o subjectivismo arbitrário do homem moderno, afectivamente impressionável. Não menos enganados andaríamos, se tivéssemos por excluída uma conformidade entre o Catolicismo e a arte moderna, e na circunstância de a Igreja, como sempre, se aferrar à legitimação e mesmo à necessidade de uma arte eclesiástica reside desde logo um sintoma encorajador. Sem lutas e conflitos, tentativas e erros, nunca se encontraria, porém, uma solução dos grandes problemas que agitam o mundo.

Semelhantemente, a questão do comportamento da Igreja católica tem agora à sua frente o valor de novidade e o valor de antiguidade que se lhe opõe. O valor de novidade, que forma, pelo menos provisoriamente, no terreno profano um postulado estético inextirpável do vulgo, é protegido, no terreno religioso, não só pela afeição do vulgo, como também por concepções fundamentais, em certa medida sacralizadas pelo uso, sendo por isso mais

([7]) Fritz von Uhde (1848-1911) pintor alemão de género e religioso.

difícil contorná-lo aqui do que ali. Igrejas, estátuas das pessoas sagradas ou dos santos, imagens da história sacra estão em relação com o divino Redentor e representam, pois, o objecto mais digno que pode ser criado em geral por mãos humanas. Trata-se da obra humana por excelência onde é imperativa a consideração pelo decoro, e este exige precisamente, como já foi suficientemente realçado, um acabamento puro de forma e cor. O antagonismo entre valor de antiguidade e valor de novidade dá a impressão de ser, por conseguinte, no terreno religioso, que é dominado pelas sensações mais fundas e irresistíveis da alma humana, à primeira vista intransponível. Mas, apesar disso, não será preciso deixarmos que se desvaneça a esperança de uma certa reconciliação destes opostos. Pois, em primeiro lugar, a valorização do valor de novidade, por mais que corresponda às concepções fundamentais da Igreja católica da superioridade do homem, enquanto imagem de Deus, sobre a restante natureza, nunca foi fixada dogmaticamente; trata-se aí, portanto, de uma instituição temporal que a Igreja pode modificar no futuro (como já aconteceu antes tão frequentemente na evolução da história da arte), se o julgar necessário e conjugar os seus interesses com referência à concordância desejada com os fiéis. Está então contido nos princípios do próprio Catolicismo o germe de um culto do valor de memória; basta pensar, por um lado, no culto dos santos e nos inúmeros dias comemorativos, por outro, no funcionamento zeloso e sempre crescente da história da igreja (como monumento seu pode valer toda a obra de arte particular da arte eclesiástica). Claro que, de início, se trata aqui apenas do valor histórico, mas, depois de termos reconhecido neste o precursor e pioneiro necessário do valor de antiguidade, não é descabida a esperança de que a Igreja católica, como acontece com tanta frequência na sua história quase bimilenar, venha, também desta vez, a encontrar o correspondente compromisso com as restantes correntes intelectuais que dão o tom à época. O valor de antiguidade tem por base um princípio autenticamente cristão: aquele remeter-se, humilde, à vontade do todo-poderoso em cujos braços o homem impotente não se arrisca sacrilegamente a cair.

Um sintoma favorável no sentido de uma reconciliação possível é a circunstância, para a qual se chamou repetidamente a atenção, de que a Igreja, no tratamento dos seus monumentos urbanos, tomar em consideração de modo muito mais abrangente o valor de antiguidade, dado que quer acautelar as sensações correspondentes dos círculos predominantemente cultivados dos respectivos fiéis urbanos; com este acautelar, não crê por isso estar ferindo nenhum interesse vital da Igreja. O valor de novidade em função de si próprio encontra uma predilecção tenaz, pelo contrário, entre os elementos do clero rural, que assim supõem certamente ir ao encontro das sensações artísticas elementares da sua comunidade, na sua maioria pouco letrada, pelo menos tanto quanto como o fazem relativamente aos costumes tradicionais do tratamento artístico eclesiástico. A tarefa seguinte será, por isso, fazer recuar a sobre-avaliação do valor de novidade por parte do clero rural; por outro lado, o culto do valor de antiguidade deve estar igualmente pronto a ceder às exigências eclesiásticas em relação ao valor de novidade, pelo menos outro tanto, como já o fez relativamente à conservação dos monumentos por mor do valor de uso, igualmente por si requerido (p. 45 e ss.).

β) O valor artístico relativo

No valor artístico relativo estriba-se a possibilidade de que obras de gerações anteriores possam ser apreciadas não só como testemunhos da vitória sobre a natureza através da força humana, criadora, como também possam ser apreciadas a respeito da concepção, forma e cor que são especificamente as delas. É que, se de ponto de vista da concepção moderna, para a qual não há um cânone artístico objectivamente válido, o normal parece ser que um monumento não possa possuir qualquer valor artístico para o actual homem moderno, mais concretamente, tem tanto menos valor artístico quanto mais antigo for, quanto maior for a distância temporal e evolutiva que o separa do homem moderno, ensina a experiência que atribuímos frequentemente um valor superior às obras de arte produzidas há muitos séculos do que às modernas – sucede até, por vezes, que os mesmíssimos monumentos que na sua época pouco agradaram e foram mesmo vivamente contestados (do que a pintura holandesa do século XVII apresenta inúmeros exemplos) nos parecem a nós, modernos, o supra-sumo das artes plásticas. Há cerca de trinta anos dispunhamos ainda de uma explicação simples para este fenómeno: ainda se acreditava então na existência de um valor artístico absoluto, por mais difícil que se julgasse ser a formulação precisa dos seus critérios, e explicava-se o valor superior atribuído a monumentos mais antigos precisamente por uma aproximação das criações artísticas daqueles tempos mais recuados ao valor artístico absoluto maior do que aquela que os artistas modernos conseguiam alcançar, apesar de todos os seus esforços. No início do século XX, já se tornou preponderante a convicção de que não há um tal valor artístico absoluto e que por isso é pura fantasia arrogarmo-nos o papel de juízes mais justos naqueles casos de «recuperação» de mestres antigos do que o foram os contemporâneos dos mestres «desconhecidos». Que nós, por vezes, atribuímos mais valor às obras de arte antigas do que às modernas, isto tem de ser explicado por outra razão que não com base num estalão de um valor artístico absoluto, fictício. A obra de arte antiga só pode ter em comum com a vontade artística moderna aspectos que são sempre particulares; a par disso têm de existir sempre certos aspectos na obra de arte antiga que diferem da vontade artística moderna; pois pressupõe-se, não nos podemos esquecer, que é impossível que a vontade artística antiga possa ser completamente idêntica à vontade artística de hoje, e esta diferença tem de se denunciar precisamente em certos traços. Que estes últimos não nos estragam a impressão total dos aspectos que não nos são simpáticos, é, como já foi mencionado anteriormente (p. 12 e ss.), de explicar somente pelo modo em que os aspectos que nos são simpáticos na obra de arte se venham a impor tão forte e enfaticamente que aquilo que não nos é simpático nos surja desse modo ultrapassado e vencido. Em tais circunstâncias, a existência de semelhantes traços na concepção, na forma e na cor de um monumento que não corresponde à vontade artística dos nossos dias, mesmo hoje, quando há uma profissão de fé generalizada no lema «a cada época a sua arte»([8]), ganha justamente um significado tão elevado para uma valorização intensificada dos restantes aspectos simpáticos do mesmo monumento, como nunca a pode alcançar um artista moderno, que dispõe precisamente dos meios correspondentes à nossa vontade artística. Não se pode abstrair de uma época que está possuída pela convicção de que se pode encontrar a redenção estética através das artes plásticas, e de que se poderia subtrair aos monumentos dos períodos artísticos do passado: basta retirar em pensamento as obras plásticas dos antigos e as pinturas dos séculos XV-XVII do nosso património cultural e calcular quão mais pobres nos tornaríamos assim em referência à capacidade de saciar a nossa vontade artística moderna. Nada se alteraria pelo conhecimento do facto de que aquilo que de modo reflectido podemos ler nas obras de arte antigas como ainda dizendo alguma coisa à nossa vontade artística moderna é, claro que ao nível da história da arte, menos do que correcto, pois, ao criarem estes monumentos, os artistas antigos foram guiados por uma vontade artística completamente diferente da que nos guia a nós, modernos.

Enquanto tivermos de responder com uma franca negativa à pergunta sobre se o monumento poderia possuir um valor de novidade, quer dizer, um valor artístico que se estriba na coesão do estado nascente, não é de recusar o segundo género possível de valor artístico de actualidade – o valor artístico relativo – ao monumento enquanto tal. A este propósito, cumpre distinguir adequadamente uma qualificação positiva e uma negativa.

Sendo o valor artístico relativo um valor positivo, o monumento garante com as suas propriedades de concepção, forma e cor, a satisfação da nossa vontade artística moderna, ora segue-se então

---

([8]) Citação não literal da divisa de Secessão vienense [Der Zeit ihre Kunst /Der kunst ihre Freiheit], inscrita sobre o portal da Casa da Secessão. A divisa foi escolhida pelos próprios artistas de uma lista elaborada pelo artista Ludwig Hevesi.

daí, forçosamente, o desejo de não deixar enfraquecer em nada este significado, o que sucederia, se se abandonasse o monumento à dissolução natural através das forças da natureza, em conformidade com as exigências do valor de antiguidade. E mais: podemos sentirmo-nos levados a inverter em certa medida o processo natural decorrido até ao momento e a remover as marcas da idade (limpeza de um quadro) para repor o monumento no seu estado nascente original, assim que houver uma razão suficiente para supor que o monumento no seu estado original, inalterado, corresponderia num grau bastante mais elevado à nossa vontade artística do que no estado em que o temos à nossa frente, modificado naturalmente. O caso positivo do valor artístico relativo exigirá, por conseguinte, regra geral, a sua conservação no estado actual, tal como nos chegou, por vezes até uma *restauratio in integrum*, e entrará assim em contradição com as exigências do valor de antiguidade.

Este caso torna-se palpitante pela circunstância de vermos aí duas concepções estéticas mais modernas a entrarem em conflito: o valor artístico relativo, quando idêntico à vontade artística moderna, de certo modo representa aqui, perante o valor de antiguidade, um valor de novidade (naturalmente que não o elementar, discutido no capítulo anterior). Podemos impacientarmo-nos por saber que valor conservará a supremacia. Pensemos, por exemplo, num quadro de Botticelli coberto de retoques barrocos, que foram executados no seu tempo, claro está, com boas intenções artísticas (a fim de tornar mais pitoresca a seca imagem do *quattrocento*), os retoques têm de possuir para nós um valor de antiguidade (pois as intervenções sobrevindas por mão humana há muito tempo actuam hoje já como influências naturais, regulares), e até um valor histórico. Em parte nenhuma, sem embargo, haveria alguém que se lembrasse de remover os retoques, a fim de restaurar o Botticelli puro (expô-lo): isto não acontece somente por interesses ligados à história da arte (a fim de conhecer com a maior clareza possível o mestre do *quattrocento* numa obra importante para a evolução da arte italiana e significativa para o seu próprio desenvolvimento), mas, muito significativamente, também por motivos artísticos, porquanto o desenho e o colorido de Botticelli correspondem melhor à nossa própria momentânea vontade artística do que a coloração e desenho do barroco italiano. A novidade que todo o produzir é, a obra humana moderna na obra de arte antiga (que a par disso contém já muito de antiquado) revela-se aqui, por conseguinte, o elemento mais forte frente às formas de expressão do antigo, à efemeridade, ao curso da natureza, todo-poderoso pela sua regularidade.

O perigo de um conflito com o valor de antiguidade que espreita por parte de uma versão negativa do valor artístico relativo é de longe mais diminuto. Não significa, por exemplo, a mera ausência de valor, a indiferença perante a vontade artística moderna, mas sim o que é francamente escandaloso para esta. Pois a ausência de valor seria apresentada meramente como um valor positivo, infinitamente pequeno, e o tratamento do monumento em nada cercearia por isso as exigências do valor de antiguidade. O escandaloso, contrário ao estilo, feio num monumento, do ponto de vista da moderna vontade artística, leva directamente à exigência da respectiva eliminação, à destruição intencional. Ainda hoje se aplica isto a vários monumentos barrocos (pese embora o facto de a nossa concepção se ter mitigado nos últimos vinte anos) que «não suportamos» e «preferiríamos não ver». Com esta exigência de uma aceleração da dissolução do monumento por mão humana está-se a agir, porém, ao arrepio das exigências do valor de antiguidade exactamente como através do protelamento artificial da dissolução em consequência de um restauro. É claro que hoje muito raramente poderia suceder que um monumento fosse destruído somente por causa do seu valor artístico relativo (ou, dito com mais propriedade, desvalor artístico); não se poderia deixar de parte na conservação dos monumentos este caso negativo do valor artístico relativo, mais especificamente, desde logo, porque pode contribuir essencialmente para que se tome uma decisão em detrimento do valor de antiguidade, aquando do surgimento de um conflito subsequente com outro valor de actualidade (valor de uso ou valor de novidade) no mesmo monumento.

Se o moderno no antigo constitui o valor artístico relativo, não nos vemos menos em apuros para responder à pergunta: onde assenta então o valor artístico relativo dos monumentos eclesiásticos (naturalmente que do ponto de vista da concepção eclesiástica, pois para a profana não há qualquer distinção entre monumentos eclesiásticos e profanos)? É, com efeito, uma condição prévia disso que exista uma arte eclesiástica, manifesta e consciente dos seus objectivos, cujos propósitos possam ser em parte considerados nas obras de arte antigas. Mas haverá uma tal arte eclesiástica moderna? Certamente que sim, na medida em que todos os dias se constrói, cinzela e pinta em não menor quantidade para fins religiosos. Nestas obras de arte religiosas modernas surgem, por via de regra, elementos criativos de períodos estilísticos mais antigos, de modo que o núcleo moderno parece sufocado a ponto de deixar de ser identificável. A existência de um tal núcleo é indubitável, pois logo à primeira vista reconhece-se a obra de arte eclesiástica moderna como não-antiga, mais concretamente, não só pela novidade que se trai sobretudo na coloração exterior, como também de modo totalmente inequívoco, ainda que seja difícil exprimi-lo por palavras, pelas diferenças na concepção e nas relações formais frente aos modelos anteriores, diferenças essas que se comunicam mais à sensação inconsciente. Deve-se combater de imediato, todavia, um mal-entendido que poderíamos porventura estar tentados a extrair possivelmente do carácter fundamentalmente antiquário da arte moderna eclesiástica, qual seja o corolário de que esta predilecção por modos estilísticos do passado seria particularmente benéfica ao culto do valor de antiguidade ou só ao valor histórico. À Igreja não interessa, de facto, o efémero, à excepção do dia de hoje. Se há não poucos membros do clero católico que se dedicaram com piedade e êxito digno de reconhecimento ao culto do valor histórico, isso é, quando muito, uma prova de que a Igreja não julga lesados os seus interesses vitais por este culto; mas exigir ciente e propositadamente o culto das coisas passadas é uma coisa que a Igreja considera que está completamente para lá dos seus interesses positivos. Nas obras de arte antigas avalia o estilo e a concepção, sem dúvida, mas não a forma e a cor antigas como tal; antes quer ver representada uma obra religiosa completamente nova, em função do valor de novidade, claro que com uso de expressões estilísticas antigas. A escolha não é menos característica só por se socorrer de certos estilos históricos existentes.

Desde o aparecimento do Romantismo, ou seja, desde que o culto do valor histórico em geral entrou na sua última fase, a maior e mais decisiva, os estilos medievais afirmaram a sua primazia indiscutível na arte eclesiástica e, entre eles, o gótico em particular, que nos é familiar de inúmeros monumentos. Dificilmente se pode ter dúvidas sobre o porquê disto: ciente do alheamento que acabou por se instalar entre arte eclesiástica e profana, a primeira arrima-se cheia de confiança nos estilos daqueles tempos em que não se dera ainda uma separação entre si e a profana. Esta predilecção pelo medieval, e sobretudo pelo gótico, teve por consequência um fenómeno que se pode, pelo menos, pôr em paralelo com o valor artístico relativo dos monumentos profanos, ainda que não se possa identificar directamente com ele. Ainda hoje, as autoridades competentes são requisitadas, quase diariamente, por projectos que têm como desígnio o desentulhamento de um portal gótico que fora alvo de acrescentos barrocos ou de um ornamento murado, a alteração de um telhado em cebola barroco num zimbório gótico, de uma pintura de tecto barroca num céu estrelado. Nestes fenómenos está certa e decisivamente em jogo uma ânsia de renovação que faz jus ao valor de novidade, mas não pode decerto ser um acaso o facto de, regra geral, serem obras góticas, ou ainda mais antigas, que se quer despojar das marcas da idade supervenientes com o tempo. Que não se põe em causa qualquer interesse vital da Igreja provam-no os numerosos casos sobre os quais tomaram posição, há décadas, membros individuais do clero; a este propósito pode-se fazer uma observação semelhante à que já foi formulada aquando da discussão do valor de novidade (p. 57), a de que a tendência de re-gotização dos monumentos é praticada principalmente pelo clero rural, ao passo que o clero urbano, em contrapartida, se comporta com reserva, se não mesmo, em certos casos, negativamente a tal propósito

Dever-se-ia dar livre curso nas obras recentes a esta predilecção, oriunda decerto de razões profundas, da Igreja pelos estilos medievais, porque um germe de uma arte eclesiástica, independente e realmente moderna, existe mesmo em tais obras gotizantes, e não se deve nunca tocar na autonomia da Igreja, nem mesmo na aparência, a não ser que os interesses vitais da cultura do público entrem em conflito por esse motivo. Quanto maior for a liberdade com que a Igreja pode confirmar as suas tendências para os estilos medievais nas obras de arte novas (bem como para todos os outros estilos que se queira), tanto mais insistentemente deveríamos esforçarmo-nos junto dos seus representantes para que o valor de antiguidade encontrasse a devida consideração nos monumentos da arte eclesiástica, cuja visão basta hoje como alegria redentora de uma vasta multidão, infinitamente mais extensa do que a repectiva paróquia, e cujo tratamento toca por isso interesses muito mais vastos e muito mais profundos da opinião pública em geral.

História da arte e história universal

O meu médico de família conta-se entre aquela minoria dos seus colegas que não se dedica exclusivamente à clínica, mas que consagra também uma atenção constante às grandes questões teóricas da história da natureza. Tais paixões puramente científicas dos médicos nem sempre costumam ser profícuas para o sucesso da prática clínica; permita-se-me, pois, que realce o facto de que eu enquanto paciente fiquei sempre completamente satisfeito com o trabalho do meu médico. Menos satisfeito está ele comigo, ou antes, estava até há bem pouco tempo. O meu *métier* não lhe agrada. Não via na história da arte nada mais que uma tentativa votada ao fracasso de descrever, com meios secos e estéreis, o indescritível, nada mais que o decalque sóbrio do que foi criado na embriaguez do supremo entusiasmo e que, por conseguinte, se devia fruir igualmente em tal estado. Não compreende aquilo que outros gostariam de encontrar numa enumeração ordenada cronologicamente das datas externas das criações artísticas, e assim, para aclarar as suas ideias sobre isso, resolveu-se por fim a frequentar durante um semestre um curso sobre história da arte. Este versava por acaso a pintura holandesa. Não faltou a uma única das 40 aulas; depois de tudo terminado, teve por perdidas muitas delas, outras despertaram, por seu turno, o seu mais vivo interesse. E vale a pena observar o que das matérias dadas achou interessante ou indiferente. Por exemplo, falou-se da vida privada de Rembrandt, que, como se sabe, foi, já em tempos recuados, pintada com cores escuras por biógrafos mal-intencionados, e nos nossos dias foi ainda mais deturpada pelo favor ou ódio dos partidos. O principal mestre da pintura holandesa arrancou a todos aqueles que se ocuparam da sua carreira artística uma tão grande simpatia humana, que tiveram por válido o esforço de tentar clarificar a mole de dados contraditórios acerca das suas vicissitudes biográficas. O tema conta-se no geral entre os chamados temas «interessantes» (a bancarrota e o concubinato desempenham aqui o papel principal); passa sempre por avisado lançar mão de tais temas para prender a atenção de alunos ensonados nas tardes quentes do verão. O efeito sobre o meu médico foi exactamente o oposto: todo este excurso não lhe pareceu ter mais valor que uma anedota, sendo de longe mais próprio para ler durante uma viagem do que para ser tratado seriamente, de cátedra, durante 45 minutos. Mas o caso mudou de figura, quando se passou aos grandes problemas que dizem respeito à ponderação da luz e das sombras na pintura, quando os retratos de Rembrandt foram comparados com os retratos oriundos da era imperial romana, quando o pedantismo das fontes passou completamente para segundo plano; o horizonte da reflexão avantajou-se desmedidamente, quando se conseguiu unir fenómenos afastados entre si através da comparação: sentiu-se então estimulado, ouviu então, contrariado, o repicar dos sinos que punha termo às considerações que o cativavam, a história da arte achou então graça aos seus olhos.

Claro está que o meu médico de família é leigo em questões de artes plásticas, e o que ele pensa sobre a história da arte pode ser-nos, por conseguinte, indiferente em geral. Mas acho que vale a pena dizer por que motivo isso é muitíssimo sintomático da mais recente evolução em tais questões. Senão vejamos: é um cientista da natureza, um cientista da natureza que pensa, que já não se dá por satisfeito com o método indutivo, cauteloso, que tem o nome da sua própria ciência, que examina sobretudo o fenómeno individual, e só com extrema circunspecção ousa dar o passo seguinte rumo a uma relação imediata entre causa e efeito. Um cientista da natureza que procura aproximar o que está distante não atende aos enormes abismos de permeio e, no entanto, espera encontrar a verdade! Se a ocupação diária com a investigação da natureza permite o surgimento de tais orientações espirituais, tanto mais não será de supor noutros territórios que, como a história da arte, não encaram de raiz a fantasia como algo que lhe seja completamente alheio! O que o meu médico de família pensa das tarefas mais imediatas da história da arte é justamente o que a maioria dos leigos que se dedicam em geral a coisas deste género pensa; e mais ainda: a maioria dos próprios historiadores da arte pensa o mesmo.

A história da arte como ciência ainda não percorreu um século e já levou a cabo duas transformações radicais. Os homens que a fundaram – os d'Agincourt, os Rumohr ([9]), entre outros autores – encaravam o extenso território das artes plásticas no seu todo como uma grande unidade. Não eram especialista no estudo das fontes, nem eram peritos na prática, mas toda a forma em que as artes

---

([9]) Jean Baptiste d'Agincourt (1730-1814) arqueólogo e historiador, originário de Beauvais, foi nomeado *fermier-général* por Luis XV, visitou, em 1977, a Inglaterra, a Alemanha e a Holanda, no ano seguinte percorreu a Itália para explorar o que restava da arte antiga. Fixou-se em Roma a fim de dar forma aos materiais recolhidos. O trabalho ficou inconcluso tendo sido continuado por Gence e por este publicado com o título *L'Histoire de l'Art par les Monuments, depuis sa décadence au quatrième siècle jusqu'a son renouvellement au seizième* (6. Vols., Paris, 1823).

Karl Friedrich von Rumohr (1785-1843), depois de estudos linguísticos na Universidade de Gotinga, Rumohr fez a sua primeira viagem a Itália, em 1804, na companhia dos artistas Franz e Johannes Riepenhausen e de Ludwig Tieck. Dois anos depois regressou a Hamburgo onde estudou arte e pintura. A sua segunda estada em Itália decorreu entre 1816 e 1821: frequentou os Nazarenos e travou relações com o historiador da arte Gustav Waagen. Fez amplas pesquisas nos arquivos de várias cidades italianas. Regressado à Alemanha, publicou em 1827 as *Italienischen Forschungen* [Investigações Italianas], a sua obra mais influente. Fez uma terceira viagem a Itália em 1828-29, uma quarta em 1837, e a última em 1841. Rumohr opôs-se ao classicismo de Winckelmann, foi o fundador da escola de Berlim (Enst Hotho, Karl Schnaase, Friedrich Kugler).

plásticas se manifestavam era para eles igualmente importante e digna de consideração, e abarcavam por isso o mundo em todas as suas cores, das pirâmides até aos Nazarenos, e encaravam-no sempre do ponto de vista de uma evolução unitária. Deste modo, viam sobretudo o elemento comum, não lhes escapando também, de igual modo, as características divisórias mais marcantes pelas quais se distinguem as artes dos diferentes povos e épocas; os grandes períodos estilísticos que hoje temos por base de toda a consideração histórica das artes plásticas foram já trazidos à luz do dia por estes primeiros pioneiros, que mereceriam ser mais bem recordados do que tem sido mais ou menos o caso, a partir de meados do nosso século. Mas não era lícito à história da arte persistir neste grau de generalização, se pretendesse ter direito ao título de ciência. Aqueles primeiros «eruditos da arte» conheciam certamente uma enorme quantidade de monumentos artísticos, mas era precisamente esta extensão descomunal que não permitia mais que tomar um conhecimento meramente superficial no particular. Além disso, compreenderam de imediato o valor das fontes escritas e impressas, e estudaram-nas afanosamente; mas aceitavam muito acriticamente o que era por elas transmitido, uma vez que lhes faltava tempo e oportunidade, mas também uma preparação metódica, para a crítica. Faziam falta duas coisas: primeiramente, o aprofundamento especial em monumentos individuais ou em grupos isolados de monumentos estreitamente aparentados entre si, e, em segundo lugar, a investigação crítica das fontes. Na medida em que se encontraram os homens para estas novas tarefas (iniciadas por Kugler e Schnaase ([10]) e indo até Thausing e Bode), consumou-

---

([10]) Franz Kugler (1800-1858) depois de estudos de literatura, música e artes plásticas em Berlim, estudou arquitectura na Bauakademie. Em 1837, publicou *Handbuch der Geschichte der Malerei* [Manual de história da pintura], obra que considerava como uma manta de retalhos composta de materiais já existentes, mas onde se vislumbra uma série de posições originais. Em 1842, publicou o *Handbuch der Kunstgeschichte* [Manual de história da arte], a primeira panorâmica de toda a história da arte.

Karl Schnaase (1798-1875) estudou Direito com Hegel em Heidelberg, tendo-o seguido para Berlim em 1818. Em 1826-1827 visitou a Itália onde se

-se a primeira transformação na pesquisa em história da arte. A apresentação universal anterior foi substituída pela investigação especial; os diletantes, pelos historiadores de profissão. O maior triunfo da história da arte passou a ser desde então conseguir determinar o mestre de um quadro, ou, quando o conseguiam, tirar a limpo a data original correcta de um monumento; e a alegria avantajava-se substancialmente, quando se conseguia apontar aos biógrafos antigos uma incorrecção. Como forma de investigação mais digna e, à partida, mais promissora tinha-se a monografia; apresentações sintéticas de carácter mais universal eram deixadas por conta dos autores de manuais, que eram olhados sobranceiramente, ainda que eles não se limitassem a ir beber aos seus colegas especializados. Estava, pois, na natureza das coisas que o método

---

decidiu a redigir uma história da arte, por ordem cronológica. Em 1830 percorre a Holanda, estudando amplamente a arte dos Países-baixos; da viagem resultam as *Niederländische Breife* [Cartas holandesas]. Regressado a Dusseldorf, Schnaase assina um contrato para redigir uma história da arte em epítome, quando, em 1837, Kugler publica o primeiro volume do *Handbuch des Kunstgeschichte*, abandona o projecto num primeiro momento, dado que reconhece a Kugler mais conhecimentos. Mas retoma-o e publica em 1843 o primeiro volume da *Geschichte der bildenden Künste* [História das artes plásticas], que vai dedicado a Kugler. Continua a obra, mesmo depois de ser transferido para o Tribunal da Relação de Berlim. Aposenta-se em 1857 e dedica-se a tempo inteiro à história da arte. Faz viagens a Itália e à Bélgica, e funda um grupo Protestante para a arte religiosa. Morre sem ter completado a obra, que não foi mais além do que a Idade Média.

Moriz Thausing (1835?-1884) estudou literatura alemã e filologia na Universidade de Viena, tendo enveredado por história da arte por influência de Gustav Heider e Rudolf von Edelberg. Tornou-se bibliotecário na *Graphiksammlung des Erzhogs Albrecht* em 1864. Integrou o grupo de especialistas chamados a decidir da autenticidade das duas versões de Hans Holbein da «Madona Meyer», o chamado «congresso Holbein», em 1871. Quatro anos depois publicou a monografia sobre Dürer que lhe valeria a notoriedade, tendo a obra sido traduzida para Inglês e Francês. Franz Wickoff e Riegl foram seus alunos e, depois, assistentes.

Wilhelm Bode (1845-1929) começou por estudar Direito, as aulas de Schnaase levaram-no em 1869 a mudar para história da arte. Doutorou-se em 1871 com uma tese sobre Frans Hals. Viajou por Inglaterra, França, Holanda e Rússia. Tal como Thausing, esteve também no «congresso Holbein». Tornou-se funcionário do departamento de escultura do Berlin Museum, tendo assumido a direcção do departamento em 1883. Publicou a sua obra principal em 1887: *Geschichte der deutschen Plastik* [História da escultura alemã].

histórico-filológico gozasse de cada vez mais crédito. Quando, no início deste segundo período, os epígonos que mantinham de raiz alguma espécie de relação cordial com as artes plásticas se voltaram para a pesquisa em história da arte, a importância crescente do estudo das fontes introduziu gradualmente neste círculo elementos que haviam permanecido alheios ao longo de toda uma vida a todo o conhecimento dos monumentos. Cumpre não subvalorizar, por isso, os méritos destes investigadores para a história da arte, e ainda menos têm direito a dirigirem-lhes tais censuras os artistas plásticos da década que acaba de findar que têm por hábito divertirem-se preferencialmente à custa dos «historiadores livrescos», ainda que eles próprios cubram a cabeça com o elmo da invisibilidade ([11]) histórico e certamente se alegrariam, se, de vez em quando, algum historiador da arte os ajudasse dando-lhes ensinamentos sobre maneiras e práticas antigas, e coisas desse género, dignas de imitação. Mas acusa-se uma contradição interna em tais historiadores da arte sem conhecimentos da prática artística, e assim também já estavam dados os indícios infalíveis de que estava iminente uma nova transformação, pelo simples facto de se ter tornado necessária.

Vemos hoje esta segunda transformação ser levada a cabo numa execução apressada. Tende, por seu turno, para aquele lado em que se moveu a história da arte no seu dealbar. A tendência histórica, pautada pela especialização, dos últimos 30-40 anos parece ter sido revezada recentemente pela tendência para a história universal. Os investigadores da geração que nos precedeu encaravam todo o fenómeno da história da arte como um *individuum* que, produzido por causas particulares, manifestava os efeitos que também lhe eram específicos, a ele e só a ele. Os seus esforços regiam-se unicamente pelo conhecimento mais exacto, tanto quanto possível, de um dado fenómeno individual em todas as dimensões e pela pesquisa das suas causas e efeitos mais próximos, com o objectivo final de determinar para o fenómeno em causa o lugar correcto e fixo na cadeia sem fim, organizada

([11]) Alusão ao elmo de Hades que tornava Perseu invisível.

cronologicamente, dos monumentos. Com esta definição cronológica dos monumentos no seio de uma série evolutiva já não se dão por satisfeitos os «mais modernos» entre os historiadores da arte. Afirmam que desenterrar as causas e efeitos mais próximos já não basta para explicar suficientemente um monumento na sua essência e nas condições do seu aparecimento. Referem que os fenómenos artísticos não estão separados uns dos outros apenas por traços estritamente individuais, mas sim que estão ligados entre si por elementos comuns. Assim como os representantes da corrente histórico-filológica atribuíram uma importância predominante às características divisórias, individuais, tendo-lhes dado deste modo uma atenção unilateral, também os modernos crêem dever reconduzir a atenção para as características unificadoras, universalizantes. Referem-se assim, por exemplo, à surpreendente semelhança que é possível observar entre certos retratos do século II d.C. e os do século XVII. Sem dúvida que as causas próximas a que a pintura romana da era imperial ficou a dever a sua origem imediata são completamente diferentes daquelas a que Franz Hals e Velasquez foram buscar as respectivas maneiras. Mas, uma vez que foi o homem a criá-los, tanto a um fenómeno como ao outro, impõe-se gradualmente, mas com irresistível poder, a suposição de que tanto os romanos como os holandeses e os espanhóis teriam obedecido a uma e mesma lei superior. Esta lei deve ter encontrado a sua expressão, claro está, nas causas imediatas de ambos os fenómenos, mas uma expressão velada, obscurecida por fenómenos concomitantes, contingentes. Para nos familiarizarmos com ela em toda a sua pureza, é necessário que seja depurada dos ingredientes inessenciais de ambos os lados, e a este desiderato apenas nos pode conduzir, por sua vez, a comparação das causas mais próximas dos dois lados. Assim se justifica a aproximação de períodos artísticos tão afastados espácio-temporalmente como o são os séculos II e XVII, e, assim, este tipo histórico-universal de reflexão perfila-se em certa medida como o coroamento intrínseco da investigação em história da arte.

Não escapará a ninguém que a garantia de um conhecimento correcto das leis superiores, invisíveis, só parece dada, se as causas mais próximas de que se extraíram tais leis forem determinadas de antemão com total segurança. Quanto mais certos forem os resultados que servem de auxílio à investigação especializada, tanto mais infalíveis serão as conclusões extraídas por uma reflexão histórico-universal. Seria totalmente ocioso, pois, levantar a questão de saber a qual dos dois métodos dar a palma. Ambos são necessários e fazem falta um ao outro. Seria por isso de desejar que andassem sempre de mãos dadas. Isso seria a relação ideal, que, como tal, dificilmente será alcançada. O género humano exige uma oscilação ininterrupta entre os extremos. Tal como entre os picos de uma onda, assim sucede, por uma necessidade natural, o modo de consideração unilateralmente histórico-universal de hoje ao modo unilateralmente histórico-especial de ontem. A investigação especializada acumulou materiais em abundância ao longo de décadas, e agora desperta, por sua vez, o irresistível impulso que se esforça por romper a estreiteza dos fenómenos individuais, rumo ao cume libertador de uma panorâmica mais abrangente. É que começámos por nos engolfarmos originalmente no detalhe para assim ganharmos alicerces firmes para um ponto de vista superior. Os autores mais antigos da segunda geração (como Schnaase, e mesmo Springer ([12]) nunca permitiram que lhes roubassem completamente a livre visão para a lonjura; os seus trabalhos historiográficos sobre a arte são proporcionalmente os que estão mais próximos dos postulados ideais. Mas gradualmente começou-se a perder de vista o fim que está acima dos meios; a investigação especializada como tal tornou-se o fim último; o monumento individual por si próprio, o objecto suficientemente

([12]) Anton Springer (1825-1891) estudou arte e filosofia nas Universidades de Praga, Munique e Berlim. Uma vez fixado em Bona, em 1852, as suas publicações sucedem-se: *Kunsthistorische Briefe* [Cartas histórico-artísticas] (1852-1857), *Leitfaden der Baukunst des christlichen Mittelalters* [Compêndio de arquitectura medieval cristã] (1854), *Handbuch der Kunstgeschichte* [Manual de história da arte (1852), *Ikonographische Studien* [Estudos iconográficos] (1860) e a sua obra principal, *Bilder aus der neueren Kunstgeschichte* [Imagens da mais recente história da arte] (1867) onde se «opunha às panorâmicas histórico-culturais» e pugnava pela análise das obras individuais.

digno e satisfatório da consideração. A investigação em história da arte oferece neste seu decurso uma imagem exactamente igual à arte da pintura. Também esta teve os seus períodos que designamos por naturalistas, para os quais todo o objecto da natureza que nos rodeia parece digno de reprodução artística, toda a coisa em si, por mais insignificante que seja, arranca o aplauso e o respeito do espectador humano mediante a sua reelaboração por intermédio da arte. Estes períodos naturalistas continuaram sempre a ser, até ao presente, revezados com regularidade matemática pelos chamados períodos idealistas, em que a característica distintiva da arte ante a natureza, que costumamos designar, consoante a concepção pessoal, como estilização, embelezamento, arranjo da natureza, e que resulta da técnica, do material, da ideia individual do artista, empurra predominante e decisivamente para primeiro plano a obra de arte. A pintura procede em todas as épocas tão unilateralmente como a historiografia relativa à arte. Ora, persegue, sem contemplações e sem se preocupar com todos os restantes factores, uma e única tarefa, a de se aproximar do fenómeno natural das coisas tanto quanto possível, ora esperava todos os efeitos dos momentos estilizantes, e nem por um instante julgava fazer violência à natureza, quando esta não se queria adaptar de bom grado aos desígnios estilísticos do artista.

Entre os picos de uma onda, reside um ponto morto em que os extremos se tocam. Quanto mais frescos são os impulsos criativos que animam a investigação, tanto mais rapidamente esta nos conduzirá para lá do ponto morto. Mas há, e haverá sempre, alguns que crêem dever deter-se nele. Também aqui se poderiam indicar nomes. Desempenham na investigação em história da arte o mesmo papel que os cépticos na filosofia ou os anarquistas na política social. Uma vez que a via seguida até ao presente se lhes afigura falhada, desesperam em geral de toda a viabilidade do terreno. Ao longo de 40 anos, envidámos todos os esforços para apresentar uma cadeia ininterrupta da evolução que se eleva de maneira natural do simples e primitivo ao complicado e acabado. E agora topamos publicações recentes na história da arte que parecem atirar borda fora todas as noções de evolução. Como podia, por exemplo, o mesmo povo que soube imitar com fidelidade, na era imperial romana, o rosto humano até ao ponto de provocar uma ilusão de realidade entusiasmar-se depois pelos rígidos fantoches bizantinos? Exemplos paralelos ainda mais sugestivos são aqueles que a pintura italiana e holandesa oferecem. Os cépticos entre os historiadores da arte tiram daí a conclusão: não há um curso evolutivo ascendente nas artes plásticas da humanidade. Esta concepção é, porém, tal como o cepticismo e o anarquismo, um mero fenómeno de transição, passageiro. Depois de uma breve reflexão, até estes investigadores recomeçaram alegremente o pretenso trabalho de Sísifo, esperando de uma reflexão histórico-mundial relativa à história da arte uma achega para a solução do grande enigma do mundo, cujo domínio é, em última instância, o objectivo de toda a ciência humana.

A disposição harmoniosa como conteúdo da arte moderna

Sentei-me no cume solitário de uma montanha. A terra abre-se a meus pés de tal modo alcantilada, que nenhuma coisa me está próxima de forma palpável, não podendo excitar o meu tacto. Fica entregue somente aos olhos a tarefa de fazer o relato delas, e muitas e variadas coisas têm eles a relatar. Formam-se então ondas no chão verde de ervas, variegadamente salpicado de flores que a primavera faz brotar e que desaparecerão com a próxima primavera. Limitado está o prado muito abaixo do bosque de pinheiros com as suas inúmeras copas que se erguem; mas uma leve cintilação está por cima delas como um sopro, pois o verão está no seu início e nascem novos rebentos que aumentam diariamente o volume do bosque. À beira do renque de árvores pastam vacas, bem sei que nunca estão quietas, mas agora só minúsculos pontos brancos anunciam a sua existência. Se levantar o olhar para o muro de rochas, ele encontra primeiro a queda de água que se precipita sobre paredes do tamanho de uma casa e a cujo trovejar furioso nenhum som se pode sobrepor; via-a e escutei-a junto a mim, e senti então uma reverência temerosa perante uma força enorme, mas agora ela actua apenas como um laço de prata, claro, conciliador, através das escarpas escuras. Se o olhar mergulhar por fim totalmente no solo do vale, encontra uma pequena casa com muros brancos, reverberantes, e pequenas nuvens de fumo pairam ao seu lado como testemunhas da actividade dos que lá moram.

Ao abarcar o todo – por toda a parte há testemunhos de uma vida sem descanso, força infinita e movimento incessante, milhares de acontecimentos que se sucedem e, no entanto, reina uma tranquilidade que tudo reúne e sobre tudo se derrama, dela não promana um único estímulo dissonante – desperta em mim um sentimento inefável de vida, tranquilidade, harmonia. Tudo se passa como se me tivesse sido tirado um peso opressor, como se um longo anelar tivesse aqui a sua consumação. O que é aquele peso opressor que lança sombras negras sobre a nossa vida espiritual, e porque amolece ante o efeito semelhante ao sol que a visão do todo infinito – ainda que seja um fragmento, tanto quanto o sentido humano, imperfeito, o consegue apreender num dado momento – desperta no nosso ânimo?

O que nos oprime brota do nosso saber, o fruto maduro da árvore do conhecimento. Sabemos agora que nenhuma lei da causalidade perpassa a criação no seu todo. Tudo o que vem a ser traz em si o seu desaparecimento, toda a vida exige a sua morte, todo o movimento acontece a expensas dos outros. Uma luta pela vida, sem fim e sem repouso, sob a qual o homem tão dotado de entendimento e sentimento pena infinitamente mais que os seres vivos que não se fazem notar e que o homem aniquila aos milhares com um só movimento. Há milénios que todo o trabalho cultural humano se pauta por banir o direito natural, mas brutal, do mais forte e substituí-lo por uma ordem do mundo libertadora. Hoje, no termo de esforços tão longos e tão grandes, o nosso destino parece-nos inelutável, inevitável. Em vez de tranquilidade, paz, harmonia, uma luta sem fim, destruição, dissonância em tudo o que a vida e o movimento tocam.

Aquilo a que a alma do homem moderno aspira, consciente ou inconscientemente, consuma-se em quem solitariamente se entrega à contemplação no cume de uma montanha. Não é a paz do adro de uma igreja que o rodeia, vê a vida a rebentar de mil e uma maneiras; mas aquilo que visto de perto lhe parece uma luta sem misericórdia é, à distância, uma convivência pacífica, união e harmonia. Sente-se assim redimido e aliviado da pressão inquieta que não se afasta dele um único dia da sua vida comum. Pressente que, muito para lá das oposições que iludem o seu sentido imperfeito de perto, perpassa por todas as coisas algo inapreensível, uma alma do mundo que as unifica numa concórdia perfeita. A este pressentimento, porém, de ordem e coesão sobre o caos, de harmonia sobre as dissonâncias, de sossego sobre a agitação chamamos uma disposição harmoniosa. Os seus elementos são a tranquilidade e a visão à distância.

Um barulho veio arrancar-me à minha devota contemplação. Uma camurça levantou-se de um salto nas proximidades e apressa-se, com passos vigorosos, para lá do declive vizinho. De um só golpe, toda a minha atenção desvia-se da paisagem pacífica e volta-se para a camurça. Involuntariamente, a mão direita estremece como que para agarrar a escopeta, vem ao de cima o predador que gostaria de trazer o mais fraco como presa para o alcance do tacto. Mas, no entanto, o cajado – a única arma que trouxe comigo – revela-se insuficiente; o olhar, porém, persegue, com ávido comprazimento, os movimentos do bicho até que ele desaparece por detrás da esquina de uma rocha. E agora? A bela disposição harmoniosa foi-se; afugentada, desapareceu. Coisa tão subtil é esta disposição harmoniosa que a agitação da vida nas proximidades basta para esfumar. Um único gorjeio de uma ave no ar pode ter o mesmo efeito; tal como uma rabanada de vento mais forte me faz gelar e é sinal para apertar mais o casaco, um raio de sol mais vigoroso que queima a superfície exposta do meu corpo: não são apenas os seres vivos, orgânicos, mas também os movimentos que requerem movimentos. É o exemplo oposto daqueles elementos – tranquilidade e visão à distância de que brota a disposição: movimento e visão próxima atiraram-me de volta à luta pela vida.

A disposição harmoniosa redentora floresce não apenas nos elevados cumes alpestres, que os homens de hoje demandam de bom grado, distinguindo-se significativamente dos nossos antepassados antigos e medievais, que procuravam a luta nos vales. Mas também lá onde o nível da crosta terrestre seca é mas baixo – nas praias – a disposição harmoniosa pode acercar-se de nós, se a tranquilidade e a visão à distância a atraírem. É o que sucede sobretudo nas baías cujo cascalho das margens as ondas lambem suavemente, onde um batel jaz em repouso, metade fora de água, e os raios de sol, coados pelos ramos das árvores das margens, desenham mil vidas cintilantes na água. Mas a disposição harmoniosa sobrevém até em praia aberta, quando conseguimos dirigir o olhar para as superfícies longínquas, passando por cima da rebentação das ondas, movidas por uma força incessante, e que acabam sempre por recuar, impotentes e estéreis – o reflexo claro do bulício do mundo na visão próxima –, superfícies essas que o claro reverberar do sol transfigura, debruando uma orla colorida no horizonte, enquanto as volutas de fumo de um barco a vapor invisível que para lá vai dão a conhecer que, mesmo no meio da fúria desmedida dos elementos, a actividade humana não se detém.

E assim não há uma única coisa na criação de onde não pudesse em absoluto surgir a disposição harmoniosa. Não se trata-se aqui em geral do motivo, pois até o maior inimigo da disposição harmoniosa – o homem – pode transmiti-la: necessárias são apenas a tranquilidade e a visão à distância.

O que a natureza concede ao homem somente em raros instantes há a arte de o conjurar, quando tal for seu desejo. Na medida em que as artes plásticas do homem vão para lá de fins utilitários e de ornamentação, que costumamos designar por artes «mais elevadas», nunca tiveram desde o início, em ultima instância, outra determinação que não a de proporcionar ao homem a certeza consoladora da existência daquela ordem e harmonia, de que ele tanta falta sente na estreiteza do bulício do mundo e pela qual anela incansavelmente, sem a qual a vida lhe pareceria insuportável. Só que em tempos mais recuados o homem procurou a harmonia num lugar diferente do de hoje, e, por isso, o objetivo supremo das artes plásticas dos tempos passados foi outro que não o de despertar a disposição harmoniosa. Um tal objectivo muda de parelha com a concepção do mundo da humanidade (quer dizer, da respectiva parte que guia a cultura), e podem-se arrolar três de tais mudança até ao presente. Tentemos ter presente a sua repercussão sobre a necessidade de harmonia da humanidade nos seus grandes traços, brevemente esboçados.

O estádio mais antigo, primitivo, é o da luta de todos contra todos. O homem conta apenas com as suas forças físicas, pessoais, mas percebe que há forças naturais, inapreensíveis, superiores às forças que são as suas. Isto causa-lhe mal-estar. Cria para si próprio um representante visível de tais forças hostis – o fetiche – e tributa-lhe veneração. Crê assim pôr-se a salvo, e o seu mal-estar cede à harmonia. O fetiche, porém, assinala simultaneamente o começo da religião e de toda a arte superior.

O segundo estádio destaca-se pelo direito do mais forte. Já não há luta de todos contra todos, mas um grande número de elementos fracos submete-se a alguém fisicamente mais forte. À humanidade de antanho parece ser esta a ordem natural das coisas no mundo. Este estádio abarca a Antiguidade no seu todo. O processo termina naturalmente com a vitória daquele que é mais forte sobre todos os outros, e esse alguém foi o Imperador romano. Atingiu-se assim o ideal da Antiguidade. Raciocinava-se do seguinte modo: a luta é de facto desarmonia, mas esta finda no instante em que o mais forte triunfa. A arte da Antiguidade celebra por isso a força física, o vitorioso, o importante, o que se anima numa plenitude vital, a beleza do corpo. Os deuses, cujo número se vai tornando menor, são fortes e belos. Por isso são eminentemente semelhantes ao homem, pois algo mais forte ou mais belo do que os homens é coisa que não existe entre os demais seres naturais, orgânicos. A figura humana como tal desempenha por isso o papel principal na arte antiga. Uma vez que os deuses semelhantes aos homens são fortes e belos, concedem também a vitória ao homem forte e belo. Nesta vitória participa até o fraco que se submeteu, cheio de confiança, ao forte.

Esta confiança ingénua em deus subjaz, como se disse, à arte e à cultura da Antiguidade no seu todo. A harmonia que procura reside exclusivamente na superioridade física. Mas como a par do corpo material há um espírito, há também, a par da força e do poder físico, uma força e um poder moral. É um factor que só gradualmente entra na cultura humana e determina os seus destinos subsequentes. Para os antigos egípcios, o poder moral não tinha ainda qualquer importância; não encontramos na sua arte um traço de expressão moral. Mas vemos os gregos pré-alexandrinos a enveredarem já por essa via, o olhar dos deuses, porém, é ainda um olhar cheio de indiferença, e os afectos que a sua arte exibe comummente são os mais elementares, como a alegria e o luto. De longe maior era já a consideração do elemento espiritual na arte do helenismo e da era imperial romana: aqui encontramos, por um lado, explosões elementares do afecto momentâneo, como no Laocoonte, por outro lado, encontramos até temas idílicos em que nos é lícito reconhecer os precursores directos da nossa moderna arte da disposição harmoniosa. Para explicar este último ponto, temos de nos lembrar que o início da era imperial romana coincide com o nascimento de Cristo. O aparecimento do cristianismo, porém, à luz de uma tal consideração histórico-cultural, mais não é que a expressão do mal-estar, que entretanto despertou, da humanidade antiga pela reconhecida insuficiência da crença nos deuses do paganismo. O desejo de uma ordem do mundo moral tornou-se cada vez mais urgente. Não era à força física que haveria de incumbir o assegurar ao homem, daí em diante, o gozo pacífico dos bens da vida, mas sim à força espiritual, moral. Esta concepção do mundo, por todos anelada, mas combatida pelo estado romano durante tanto tempo, a ponto de ameaçar a sua existência, anunciou-a Jesus Cristo.

Da vitória do cristianismo data o terceiro estádio: o cristão-medievo. É ainda a confiança em Deus, procurando-se nela a harmonia no vórtice da vida, a protecção segura contra os poderes hostis – físicos ou espirituais. Mas já não é uma multidão de deuses fisicamente mais fortes que garante a protecção, mas um só deus, moralmente mais forte, sem qualquer existência física, puro espírito. A arte cristã não se cansa de glorificar as propriedades espirituais de Deus, a sua primazia moral perante os santos. Mas nesse processo, não só os santos, como também as três pessoas divinas, a despeito da essência puramente espiritual de Deus, tomaram forma de seres naturais, orgânicos, mais concretamente, revestiram-se principalmente da forma humana; uma contradição interna que trai desde logo a inseparabilidade de espírito e corpo e, assim, a insustentabilidade prática da concepção cristã, exclusivamente construída sobre a moralidade. Tal como entre os antigos, também na Idade Média o principal objecto artístico continuou a ser a figura humana. Mas, dado que já não se trata de uma corporização da beleza física, mas sim daquela perfeição espiritual, doravante só se trata minuciosa e amorosamente no corpo humano, predominantemente, daquela parte em que se dão a conhecer ao exterior de modo particularmente nítido os estímulos interiores, anímicos: o semblante. Entre as três concepções do mundo esboçadas até aqui, que no conjunto esperam a produção da harmonia por intervenção, por assim dizer, pessoal de um poder infalível e mais elevado, que se fundam única e exclusivamente na confiança em Deus, a cristã é sem dúvida a mais perfeita e a mais satisfatória para o homem, uma vez que garante a protecção do homem moral através de um poder moral. Nela tudo depende da fé. Enquanto depositar uma confiança incondicional em que Deus me protegerá, por ser um homem justo, dos raios que caem do céu, a concepção do mundo cristã proporciona-me uma harmonia perfeita. Mas isto modifica-se, assim que instalo um pára-raios na minha casa. Pois agora confio mais no meu saber, que me faz esperar a desejada protecção daquele dispositivo, do que na minha fé, que dispensaria o pára-raios. É então ponto assente que a fé só por si, pelo menos em questões terrenas, materiais, já não me garante a plena harmonia. A concepção cristã do mundo parece assim abandonada e suplantada precisamente na parte que é de importância crucial para as artes plásticas – na concepção das leis da natureza. Só do saber posso esperar doravante a harmonia.

Inaugura-se assim o quarto estádio: poder-se-ia caracterizá-lo melhor como a concepção do mundo científico-natural. Em analogia com a concepção do mundo politeísta e monoteísta, poder-se-ia também chamá-lo panteísta, mas seria errado vislumbrar nele uma oposição de princípio à concepção monoteísta, tal não é de todo adequado, porquanto, de facto, as duas concepções deram-se as mãos hoje numa grande quantidade de europeus letrados. A concepção científico-natural tem efectivamente a sua base na emancipação do saber relativamente à fé, mas não na eliminação da fé; pois vemos hoje que há pelo menos uma coisa sobre a qual nenhum saber nos pode esclarecer: as derradeiras causas da existência; e que a necessidade de harmonia só por si constrange-nos a aceitar ensinamentos sobre as derradeiras causas e efeitos por parte da fé revelada. Mas a respeito das relações de causalidade de todos os fenómenos naturais entre si – dos físicos e, mais recentemente, também dos espirituais – esperamos hoje, à excepção de algumas almas com uma fé de carvoeiro, toda a elucidação exclusivamente do saber. Os conhecimentos que o saber produz causam-nos amiúde embaraços; acode-nos ao espírito frequentemente a ideia de que as gerações que possuíam uma tal fé poderiam ter sido em geral mais felizes que nós, e o pessimismo é, não por acaso, um fenómeno particular da nossa vida espiritual moderna. Mas este mesmíssimo saber proporciona-nos a harmonia redentora, na medida em que nos permite abarcar, para lá da estreiteza de fenómenos naturais em conflito, todo um encadeamento dos mesmos, como que de longe. Quanto mais fenómenos abrangermos de um só golpe, tanto mais certa, libertadora, sublime, se tornará para nós a convicção de uma ordem que tudo equilibra para o melhor. É nesta harmonia, simultaneamente provocada e oferecida pelo saber, que assenta no essencial a arte moderna, a arte da disposição harmoniosa.

Tal como o nosso saber moderno já não considera os fenómenos da natureza no seu isolamento, como o fizeram a Antiguidade pagã e Idade Média cristã – como manifestações individuais de uma divindade pessoal – mas num nexo causal com o que os rodeia, com o próximo e o distante, da mesma maneira procede a arte moderna na incorporação daquelas impressões naturais que não consegue ultrapassar, mas que recria com os seus meios específicos. Assim, compreende-se antes de mais que a moderna necessidade de disposição harmoniosa só possa ser cabal e imediatamente satisfeita e saciada pela pintura que assenta numa captação puramente óptica e, por isso, de raiz, na visão à distância. Pelo contrário, aqueles outros géneros da arte «elevada» que dominaram a Antiguidade Clássica – a escultura que solicita o tacto e por isso pertence inevitavelmente à visão próxima – só devem o seu cultivo duradouro, hoje em dia, essencialmente à inércia de uma tradição cultural e a necessidades decorativas. Mas o que exigimos nós da pintura? Será a apresentação imagética bi-dimensional no sentido mais vasto do termo? Não é a beleza das proporções e das linhas, como a Antiguidade Clássica, nem elevação espiritual, como a Idade Média cristã: pelo contrário, exigimos sim, em todas as circunstâncias, a verdade da vida. A observação estrita da lei da causalidade constitui o núcleo da estética moderna das artes plásticas, em particular da pintura. Até nos podem exigir o inusitado: árvores vermelhas ou cavalos verdes, desde que pareça convincentemente motivada a iluminação reflexa. Mas o que nunca podemos esperar que nos agrade da parte do artista é o milagre em estado puro, quer dizer, o que não nos agrada não é, por exemplo, a poesia nascida da fantasia, mas a anulação, reproduzida com seriedade, da lei da causalidade, extraída da experiência, através de forças «sobrenaturais» de índole pessoal.

A disposição harmoniosa como objectivo de toda a pintura moderna mais não é, no fundo, que a convicção tranquilizadora do domínio imperativo da lei da causalidade. É difícil evidenciar isto em exemplos concretos isolados, pois a lei fundamental surge nas imagens individuais, numa visão mais próxima, sempre sobrepujada pelas contingências obscurecedoras, e só se abre na clareza desejada a quem abrange todo um grupo de tais fenómenos individuais à distância. Perante a imagem isolada pressente-se e sente-se mais do que se vê claramente. Deste modo, as reproduções anexadas(*) a este ensaio destinam-se apenas a ilustrar, e de modo nenhum exaustivamente, o carácter da moderna pintura da disposição harmoniosa, pretendendo apenas ser amostras ao acaso, tal como se encontraram precisamente num manual. É talvez mais promissor arrolar as observações isoladas que se impõem com

(*) Não foi possível reproduzir aqui as ilustrações (nota do editor alemão).

particular frequência ao espectador das pinturas modernas. Neste lugar temos de nos dar por satisfeitos com uns poucos exemplos.

A essência da disposição harmoniosa revela-se em toda a sua imediatez nas criações de mestres como Max Liebermann ou Storm van's Gravesande ([13]), que reproduzem um aspecto do que os rodeia com todas as contingências opticamente perceptíveis no contorno e no movimento, na luz e na cor. Estas contingências são, porém, para o pintor necessidades, pois precisamente nelas expressa-se o reino da lei causal que impregna e unifica os objectos da natureza. A maior dificuldade aqui consiste na apresentação da mudança de lugar; uma figura humana apresentada a andar para trás, por exemplo, infringe a lei causal que exigiria uma continuação imediata do movimento, o que é impossível, naturalmente, à figura pintada. Num tal caso, os mestres do impressionismo tiram-se de apuros de preferência não atribuindo às suas figuras contornos simples e fixos, mas antes variados e como que móveis. No geral, constitui o objectivo da pintura moderna não tanto a apresentação do movimento como a capacidade de movimento: as figuras devem surgir como capazes de todas as manifestações vitais orgânicas, sem as manifestarem imediatamente. Esta concepção, compreensivelmente, deve revelar-se como por demais fértil para a apresentação da natureza vegetal e inorgânica (rochedos, água, nuvens), cujos movimentos se sucedem não por uma vontade livre, mas sim em função das leis da física. É a partir daqui que se explica que a paisagem ocupe uma posição cimeira na arte moderna.

Mas o direito a uma criação livre também não faz que o artista moderno se atrofie. Assim, Böckling cria as suas sereias

([13]) Max Liebermann (1847-1935), gravador e pintor alemão, foi influenciado pelo Impressionismo francês. A reacção na Alemanha aos seus primeiros quadros, *As depenadoras de gansos* e *As conserveiras*, foi extremamente negativa e valeram-lhe o apodo de *Schmutzmalerei* [pintura da porcaria].

Carel Nicolaas Storm van's Gravesande (1841-1924) gravador e pintor holandês licenciou-se Direito na Universidade de Leiden, mas cedo se dedicou à Pintura. Viveu em Bruxelas de 1863 a 1893, em seguida fixou-se em Haia, onde faleceu.

e Thoma([14]) os seus sátiros não como «coisas da natureza», mas como criaturas da fantasia cuja compreensão está fundada na nossa inclinação para a poesia natural. O artista não nos quer fazer crer numa existência real de tais géneros mistos, mas convencer-nos de que eles, se existissem, deveriam ter tal aspecto e não se comportariam de outra maneira. Também eles têm de obedecer à lei da causalidade pela qual os pais originários da mitologia antico-pagã, os egípcios antigos, nem uma mão cheia de tâmaras teriam dado. E o mesmo se aplica, por fim, àquelas obras em que as manifestações vitais, espirituais, do género humano constituem o problema. O papel essencial que parece caber em sorte, regra geral, à paisagem (Max Klinger[15]) indica por si só, com firmeza, a direcção assinalada anteriormente.

Mas será realmente esta arte da disposição harmoniosa apenas um fruto da época moderna, quer dizer, dos nossos dias? Não remontarão os seus primórdios à separação entre fé e saber? A disposição harmoniosa como fim último, com efeito, está já, em geral, na base da arte moderna no seu todo, desde o termo do Renascimento. Poderíamos inclusive recuar até à época helenística e encontrar os seus predecessores: quer dizer, a uma época em que se começava a desvanecer-se no paganismo a anterior confiança reverente no mundo dos seus deuses, belo e forte, e em que a dedicação às ciências da natureza vivia o seu primeiro período florescente. Mas para o lugar da confiança em deus, categórica, pagã, entrou então a cristã, não menos categórica, e as ciências da natureza, cujo cultivo teve um incremento brilhante na Antiguidade pós-alexandrina, tornaram-se, nem

([14]) Arnold Böckling (1827-1901) escultor, gravador e pintor suíço, Riegl refere-se provavelmente à tela *Das Spiel der Najaden* (1886).

Hans Thoma (1839-1924) estudou na academia de Karlsruhe com Schirmer e Des Coudres. Seguidamente estudou em Düsseldorf, Paris, Itália, Munique e Frankfurt. Distante da arte moderna, consagrou-se a cenas idílicas campestres. Riegl refere-se provavelmente à tela *Faun und Jüngling* (1887).

([15]) Max Klinger (1857-1920) gravador, escultor e pintor alemão, estudou em Karlsruhe. Além das paisagens pintou vários temas da Antiguidade. Participou, em 1902, na exposição da Secessão de Viena.

mais nem menos, supérfluas durante um milénio. Só ao findar a Idade Média começou o conhecimento da natureza a ocupar predominantemente, outra vez, a vida espiritual dos homens – já não se podia deter a sua separação da fé. Ora, o processo decorreu daí em diante a um ritmo desigual e não foi de modo nenhum constante, sofrendo antes repetidos revezes. É óbvio, antes de mais, que nos países protestantes, onde a Reforma ratificou imediatamente aquela separação, pelo menos no que toca à natureza física, decorreu mais abruptamente do que nos países católicos, onde a Igreja rejeitou, como é de todos sabido, por princípio e até aos dias de hoje, a separação entre fé e saber. Encontramos pela primeira vez nos holandeses do século XVII uma pintura que se baseia exclusivamente na tranquilidade e na visão à distância. E vemos imediatamente que emerge uma outra peculiaridade da arte moderna: não é o homem que está no centro da criação artística, mas o leque da natureza no seu conjunto em cujo meio se move o artista. O homem já não é o senhor, como na Antiguidade, e até na Idade Média, mas um elo numa cadeia infinita. Expressa-se assim a característica socialmente niveladora para a qual o cristianismo criara os primeiros pressupostos e pela qual se regem decisivamente o carácter e a orientação da nossa cultura hodierna. Paredes meias com os holandeses floresceu, porém, na mesma época uma arte católica: a de Rubens. Estava cheia de vida e movimento, mas efectou em simultâneo uma viragem na direcção da visão à distância que mitiga e faz desaparecer o elemento veemente, violento, dos movimentos e assim lhes retira o elemento traço desarmónico. Na segunda metade do século XVIII, a separação entre fé e saber estava consumada facticamente mesmo nos países que permaneceram católicos, ainda que não ratificada no seu princípio. Estava aberto o caminho para a irrupção completa da arte da disposição harmoniosa. O homem teve desde sempre por desnecessário procurar algo novo, desde que se lhe ofereça algo antigo de que ele se possa servir: é o que nos ensina não só o Renascimento, que contraiu empréstimos consideráveis junto da Antiguidade, como também a Antiguidade Clássica, que retomou por sua conta, com tão poucos escrúpulos como aquele, motivos antico-orientais. E assim teve início aquele ciclo repetitivo de estilos transactos, historicamente desenvolvidos, desde a Antiguidade pré-alexandrina, não, porventura, em função de uma mera repetição ou por um desnorte cego, mas com um propósito mais ou menos consciente, indo buscar ao acervo de monumentos artísticos dos séculos anteriores tudo o que podia parecer corresponder às suas necessidades de disposição harmoniosa, mais ou menos claramente sentidas. É este o ponto de vista que deve reger a escrita da história da arte europeia do século passado. Pois não é acidental que, dentre as antigas, a obra escultórica que mais nos cativa seja justamente a ática com a sua serenidade olímpica e não, por exemplo, o *Laocoonte*, que Bernini ainda louvava como a mais perfeita obra escultórica; não é acidental que nos pareça simpática a pintura da vida quotidiana de Veneza, mas não a maneira exagerada dos mestres barrocos romanos que continuam a tender para a visão próxima, antiga; não é acidental que tenhamos tomado por modelo o Velasquez tranquilamente sereno, o único pintor mundano daquele Habsburgo que ocupava o trono real de Espanha, mas não os seus conterrâneos em fervorosos êxtases.

A disposição harmoniosa e a devoção vivem paredes meias. A devoção nada mais é que a disposição em clave religiosa. Por isso justifica-se profundamente que, tanto quanto conseguimos abarcar claramente a história da cultura da humanidade, a disposição se torne sempre o objectivo artístico supremo daqueles períodos que se caracterizam por uma agitação religiosa profunda. A primeira vez, na Antiguidade tardia, quando a fé nos deuses pagãos vacilou e o aparecimento de Jesus Cristo se propagou. A segunda vez, na época moderna, no seguimento daquele grande movimento dos espíritos, que designamos por Reforma e Contra-reforma. Hoje, por fim, vemos aquele paralelismo a regressar pela terceira vez. Pois ninguém pode duvidar de que vivemos numa época profundamente transtornada no plano espiritual. É certo que o próprio catolicismo se remoçou e deu mostras recentemente de uma força de recrutamento que muita gente, há 60 anos, já não teria considerado possível. Mas a grande maioria dos espíritos já não consegue hoje contentar-se a respeito da ordem moral do mundo, como já sucedera há muito tempo a respeito da ordem física, com uma piedosa confiança no supra-sensível. Espera ensinamentos das inúmeras disciplinas, recentemente aparecidas, que se ocupam do lado espiritual da natureza humana: psicofísica, etnologia, ciências sociais, etc. A arte, porém, presta lealmente a sua assistência: tal como sempre o fez, ajuda agora a proporcionar à alma aquela redenção, libertação, de que ela tanto necessita, se não quiser negar a vontade de viver. Assim, são os nossos artistas que retiram o ganho último, supremo, decisivo, do saber moderno e assim mitigam a necessidade de consolo dos contemporâneos – se é que a não redimem.

Obra da natureza e obra de arte. I

A concepção moderna da relação entre natureza e artes plásticas é dominada de uma ponta à outra pela noção de evolução. Foi precedida pela concepção idealista que descortinava o objectivo das artes plásticas numa correcção da natureza, e acreditara que este objectivo fora alcançado na Antiguidade Clássica. Todas as restantes realizações humanas que se viriam a suceder nas artes plásticas seriam de entender apenas como obscurecimentos e imperfeições perante a ideia artística, pura e antiga, e o nosso objectivo prático seria hoje em dia atingir novamente essa correcção da natureza na obra de arte, se possível, na igual medida em que isso acontecera na Antiguidade Clássica.

A ideia de evolução, a que até as orientações artísticas não clássicas concedem uma razão de ser histórica, começou, em meados do século XIX, a ser compreendida pelo pensamento do homem moderno como património comum. Introduziu-se na história da arte, primeiramente, em nítida oposição à concepção idealista anterior, que recusava ao homem toda a capacidade de determinar o género da sua própria criação artística segundo a sua livre opinião. A concepção deste primeiro período da visão moderna da evolução introduziu-se no terreno da história da arte com a ideia de que toda a obra de arte seria rigorosamente determinada pelos três factores materiais: a matéria-prima, a técnica (utensílio) e o uso a que se destina na prática. Estes três factores condicionavam em exclusivo o estilo, quer dizer, o carácter exterior de toda a obra de arte em relação à natureza. As obras da natureza na sua generalidade seriam apenas modelos muito gerais para a criação artística humana; o homem deveria fazer jus na obra de arte, antes de tudo o mais, à qualidade da matéria-prima e ao utensílio e às condições do uso a que se destina; a natureza só era levada em consideração em segunda linha. Só na medida em que a obra de arte faz jus às exigências naturais dos chamados três factores de modo satisfatório poderia ser tida por «estilisticamente justificada», isto é, bela. O comprazimento estético na obra de arte, de acordo com esta concepção, nada mais seria do que a satisfação com o completo domínio do material e com a utilidade prática alcançada.

Compreende-se que uma tal concepção cedo se tornasse verosímil naquelas obras de arte em que os três factores materiais mencionados sobressaíam marcadamente: ou seja, nas chamadas artes aplicadas. Daí que a obra literária principal que abriu caminho do modo mais decisivo a esta concepção – o famoso livro de Gottfried Semper sobre o «estilo» – trate predominantemente apenas das chamadas artes técnicas e entre estas, por seu turno, trate pormenorizadamente da arte têxtil. O pensamento fundamental de Semper pode-se definir muito sucintamente nos seguintes termos: toda a matéria bruta e toda a técnica inventaram para si próprias as formas mais confortáveis e mais facilmente produzíveis nessa mesma matéria e técnica. A noção de evolução ganhou importância na ideia de que originalmente, nos estados iniciais das artes plásticas da humanidade em geral, haveria meras artes técnicas e que as formas produzidas através de matérias-primas, técnicas e âmbitos de utilização, tendo começado por serem específicas só dos seus produtores, foram gradualmente enveredando pela via da imitação exterior, isto é, como que por multiplicação material, aliagem (mas não por escolha crítica, intencional, do homem criador), contagiaram-se umas às outras, de tal modo que, por fim, atingiram a ausência e profusão estilísticas tão característica de meados do século XIX.

Vale a pena ainda acentuar aqui, em particular, que a chamada teoria de Semper de modo nenhum reclamou validade decisiva só para a evolução das artes aplicadas, fê-lo também para a evolução das artes plásticas no seu todo. Encontramos a sua influência por isso não só na historiografia da arquitectura, onde acarretou como resultado memorável a noção do gótico como um produto da construção em pedra que procurava proteger-se do empuxo longitudinal, como também na história da escultura, onde, por exemplo, se apresentava o baixo-relevo arcaico como emanação artisticamente necessária da talha; e o alto-relevo, que se seguiu, como uma transposição da cinzelagem dos metais para a pedra.

Uma tal concepção deveria levar, por conseguinte, ao resultado final de que as artes plásticas deveriam ter a sua condição perfeita no estádio inicial, e, com efeito, encontram-se repetidamente alusões a este pensamento no livro de Semper. Tudo o que se poderia alegar como excepcão, por exemplo a respeito da figura humana, a fim de salvar a perfeição da escultura figurativa clássica, não são mais que pretextos que pretendem ocultar a irrupção do princípio fundamental. Superou-se, felizmente, a norma idealista, mas no seu lugar colocou-se a norma materialista. Pois a pretensa teoria semperiana é somente a expressão da metafísica materialista dos Strauss, Büchner, etc. no terreno da história da arte. Cá como lá, considerou-se tal metafísica como a investigação exacta da natureza, em vez da especulação idealista anterior, e assim fez-se vista grossa à identificação simplista da ideia com a matéria, porquanto não se viu entre elas uma ponte palpável, tendo esta sido estabelecida de um modo em nada menos especulativo do que a anterior confiscação da matéria em favor da ideia.

Nas noções relativas ao dealbar histórico das artes aplicadas, a teoria semperiana lançou raízes tão fundas, que ainda hoje tem valimento junto de alguns investigadores de nomeada, ainda que com algumas reservas, muito embora eu esteja em crer que já expus suficientemente a sua insustentabilidade, logo em 1893, nas «questões de estilo», com base numa discussão dos monumentos da arte decorativa oriundos do antico-oriente e da Grécia arcaica([16]). Ao invés, na apreciação da arte das figuras era impossível permanecer muito tempo na ilusão de que se poderia explicar toda a sua evolução histórica, mesmo que só de maneira aproximada, mediante a simples transferência dos processos técnicos. Começou-se por fazer da necessidade virtude, na medida em que se teve por científico o evitar de toda a «estética» em geral na escultura e na pintura, e a restrição aos pretensos monumentos individuais de modo puramente factual, quer dizer, à determinação espácio-temporal. Mas não se pode iludir o facto de que não só estabelecemos ligações entre monumentos individuais, como também que operamos permanentemente com juízos de valor (bom, mau, mediano). Lança-se mão, por conseguinte, de uma estética na prática que, em simultâneo, é rejeitada em função de uma putativa cientificidade. Mas assim estamos a vedar a possibilidade de clarificarmos a significação e a legitimidade daqueles juízos de valor: quer dizer, a verdadeira cientificidade é aniquilada por uma pretensa cientificidade. Também não se fez esperar o facto de que a inverdade interior deste culto dos factos isolados, ainda que não seja claramente intuída (o que predominante ainda não sucede hoje), comece a ser, ainda assim, sentida obscuramente; e, em consequência disso, tenha sido admitida, sobretudo para a apreciação histórica de ambas as artes das figuras, uma teoria diferente (ou seja, a segunda na série das modernas). Tal teoria, uma vez mais, nada mais é que a acomodação das concepções sobre a relação entre natureza e artes plásticas a uma determinada orientação intelectual, largamente decisiva, que pertence já, no essencial, à segunda metade do século XIX.

Esta orientação diz respeito ao estabelecimento de pontes entre matéria e ideia, cuja falta é fundamente sentida, por intermédio de uma psicologia edificada sobre princípios fisiológicos (Wundt, Fechner, entre outros). Pretendeu-se chegar mais per-

([16]) Riegl refere-se ao seu livro *Stilfragen – Grundlegung zu einer Geschichte der Ornamentik* [Questões de estilo - fundamentação de uma história da arte ornamental], Berlim, 1893.

to da essência das manifestações espirituais da vida humana, e, tanto quanto possível, fincar os pés no chão dos fenómenos materiais, perceptíveis aos sentidos. No terreno da história da arte, correspondeu a este rumo uma teoria segundo a qual as figuras que temos debaixo dos nossos olhos na obra de arte nada mais seriam que reproduções materiais, imagens mnésicas de figuras reais, de obras da natureza. O ser humano retém necessariamente na consciência impressões de objectos exteriores que recebeu por intermédio do sentido da visão. Mas, simultaneamente, vive nele um impulso para tornar estas impressões novamente perceptíveis aos sentidos, reproduzindo-as com a sua mão, seja em superfícies planas, seja em figuras estereométricas (ou querendo vê-las reproduzidas por outrem). Nesta teoria unem-se, como facilmente se pode ver, dois elementos díspares: por um lado, um mecânico, que faz que a obra de arte seja vista como rigorosamente determinada pelas impressões externas dos sentidos (a imagem mnésica); e um teleológico, que aceita o impulso estético, consciente da sua finalidade, que aspira à reprodução, mediante a imagem mnésica da obra da natureza pela obra de arte.

Ora, coloca-se então a questão de saber como é possível a evolução no seio desta teoria. Regra geral, pensa-se esta de tal modo que as mais precoces impressões dos sentidos, e com elas as imagens mnésicas e as obras de arte assim determinadas, seriam completamente nebulosas e pouco nítidas frente aos fenómenos da natureza perceptíveis aos sentidos. Gradualmente, porém, começou-se a apurar os sentidos para uma captação mais fiel dos fenómenos no detalhe e na relação do detalhe com o respectivo todo: assim, com o correr do tempo, a obra de arte seria cada vez mais fiel à natureza, as vagas impressões psicológicas tornaram-se conhecimentos fisiológicos; o mito, saber; o idealismo, naturalismo, naturalmente que não se excluem recaídas ocasionais e aparentes. Este é em geral o ponto de vista que presidiu ao modo de escrever a história da arte nos últimos 20 a 30 anos, pelo menos no atinente às artes das figuras. Para apreciar as artes aplicadas, atinhamo-nos a par disto à teoria de Semper, tal como já foi mencionada anteriormente. O resultado foi um dualismo que se ia fazendo a seu caminho tanto mais miraculosamente, quanto a seu lado andava constantemente nas bocas do mundo a palavra «unidade» de todas as artes plásticas. A evolução das artes aplicadas era pensada essencialmente de modo mecânico, a evolução da arte das figuras de modo semi-mecânico, semi-teleológico.

Ora, não pode deixar de saltar à vista que, até há bem pouco tempo, não se empreendeu sequer uma única tentativa de expor, mesmo no interior de um período de tempo circunscrito, a evolução das artes plásticas com base nos monumentos, partindo dos princípios da teoria psicológica que acaba de ser esboçada. Em casos particulares, falava-se constantemente, é certo, de imagens mnésicas e deixava-se entrever aqui e ali que estas entravam em linha de conta em todas as obras de arte; mas continuou-se sempre a sentir uma certa timidez na imposição consequente deste princípio evolutivo a períodos estilísticos nitidamente balizados. Brotou esta reserva de uma actuação contínua daquele culto materialista do facto isolado, tal como se formara na época da reacção anti-hegeliana, ou de uma sensação de mal-estar de que esta nova teoria não se sustentaria em todos os casos?

Estamos dispensados de responder a esta pergunta, tanto mais que ela hoje só possui valor histórico. Aquilo cuja falta se fez sentir durante muito tempo só se materializou muito recentemente. Emanuel Löwy submeteu a uma consideração sistemática, no seu escrito referido(*), uma área artística limitada: a arte das figuras, arcaica e rigorosamente clássica, dos gregos até Lisipo. Mas a evolução no seio deste período de tempo é rigorosamente demonstrada em consonância com os pontos de vista da teoria psicológica das imagens mnésicas.

Abstraindo das inúmeras observações isoladas, acertadas e estimulantes, ver-se-á o valor duradouro deste livro principalmente no facto de, com base nesta primeira tentativa, se aprender com maioria de razão a avaliar com precisão o ganho que resulta de uma

(*) *Die Naturwiedergabe in der älteren griechischen Kunst* [A reprodução na arte grega mais antiga]. Por Emanuel Löwy, professor da Universidade de Roma. Roma, Löscher & Co. 1900.

tal combinação, a que se procedeu de um ponto de vista superior, de factos isolados, em si mortos. Através da mera fixação de um monumento artístico a uma determinação espácio-temporal só se dará satisfação a um interesse de antiquário; se se quiser extrair da obra de arte o seu conteúdo intrínseco, cumpre ir beber aos próprios pressupostos, sob os quais ela necessariamente nasceu, uma vez que não nos podemos esquecer que a obra não foi criada para o nosso gosto. Mas estes pressupostos, para nós, só podem ser conhecidos a partir do contexto evolutivo interno, e é nisto que se baseia a importância fundamental de um conhecimento correcto deste contexto. E, uma vez que a teoria mecanicista se revelou incapaz já há muito tempo de resolver esta tarefa, devemos saudar alegremente o facto de se encontrar um investigador que estabeleceu tal ligação por intermédio da teoria psicológica adequada em elevadíssima medida a tal fim.

Não podemos, no entanto, afirmar que a teoria psicológica vá buscar uma explicação convincente de todos os fenómenos da história da arte à evolução. Isto torna-se claro precisamente através do excelente livro de E. Löwy, por muito reduzido que seja o período de tempo aí tratado. É melindroso desde logo que a arte mais antiga que o autor aborda não possa já ser designada, segundo a sua própria confissão, como primitiva. A mais antiga imagem mnésica, e mais nebulosa, é algo que gostaríamos de imaginar completamente plano; sucede que, contra tudo o que se poderia esperar, deparamo-nos nas mais antigas obras de arte conhecidas (a esculturas do Egipto arcaico) não só com uma pronunciada concepção do relevo, mas também – o que acentuo com a maior das ênfases, uma vez que habitualmente passa despercebido – com a observação da natureza mais subtil que se possa imaginar. Que este último facto nos escape regra geral e, por isso, dê lugar à impressão de uma rígida ausência de vida explica-se pelo facto de as esculturas egípcias não serem criadas para uma visão à distância, meramente óptica, a que estamos habituados, senão para a mais rigorosa visão próxima, de tal modo que a frequentemente insuperável subtileza da modelação só às pontas dos dedos se revela em todo o seu efeito. A imagem mnésica originária, em que tudo deve ter o seu ponto de partida, é algo de simplesmente conjecturado, cuja comprovação é completamente interdita precisamente pelos monumentos históricos.

Além disso, o próprio E. Löwy enumera uma série de obras de arte que contrariam em absoluto uma integração natural na sua série evolutiva. O autor explica-as como sendo excepções que só podem reclamar valor sintomático frente à esmagadora profusão de peças probatórias em favor da teoria. Os fenómenos anacrónicos, com efeito, não são coisa rara mesmo noutros períodos artísticos; mas a antecipação de uma concepção pós-antiga tal como é oferecida pelas taças de Vaphio ([17]) pontifica a título excepcional na história da arte, e a propósito disto dever-se-ia ainda mencionar que se trata aqui de uma área artística – a micénica – que noutras relações contrasta acentuadamente com a arte mais em voga à época no Mediterrâneo – a arte antico-oriental – no geral, porém, sobressai frente a esta como sendo mais bárbara, mais atrasada. Não se deverá então impor a conjectura de que já nos tempos mais recuados, a par da evolução antico-oriental, a que se ligou estreita e posteriormente a arte grega arcaica, se deu outra evolução? Mas, sem dúvida, com tal conjectura a teoria psicológica de toda a evolução a partir de uma imagem mnésica nebulosa ver-se-ia desagradavelmente em apuros.

Seriam completamente insuperáveis as dificuldades que a teoria em causa encontraria, assim que houvesse de nos explicar a fase terminal da arte antiga na era imperial tardo-romana. O curso da evolução deveria desembocar inevitavelmente num incremento contínuo da observação da natureza. Ora, cumpre não excluir aqui, ocasionalmente, pequenos retrocessos, claro está; mas como se chegaria ao ponto de se abandonar a observação da natureza no seu todo, conquistada esforçadamente ao longo de milénios, e de se recuar aparentemente até à imagem mnésica

([17]) Riegl dedicou às taças de Vaphio o texto *Zur kunsthistorischen Stellung der Becher von Vafio* [Para o lugar histórico-artístico das taças de Vaphio], redigido em 1900 e publicado postumamente, em 1906, nos *Jahreshefte des Österr. Archäologischen Instituts IX.*

mais nebulosa? Poder-se-ia ainda continuar a falar de uma evolução constante? E, no entanto, regista-se um tal fenómeno no fim da Antiguidade. Claro que se recorreu desde sempre, a este propósito, à explicação de que o «retrocesso» não foi voluntário, mas teria sido produzido violentamente pela invasão de bárbaros incivilizados. Que esta hipótese, como mera escapatória, porém, não tem qualquer legitimidade interna ou externa, creio tê-lo recentemente(*) mostrado à saciedade.

A teoria psicológica fracassa em igual medida, quando a queremos aplicar à explicação das restantes artes que têm, no entanto, uma certa relação de afinidade interna com as artes plásticas. Assim, seria de esperar na história evolutiva da música uma aproximação crescente aos sons naturais que ouvimos, ao passo que é o oposto que acontece, e o som natural como tal nunca pode ter sido, mesmo indirectamente através do som mnésico imaginário, o objetivo da música.

Censurou-se muitas vezes à psicofísica e às orientações psicológicas afins, com as suas observações experimentais, que os seus resultados eram interpretados com excessiva unilateralidade a partir das experiências subjectivas dos indivíduos singulares observadores (os cientistas). Esta circunstância é também de considerar na nossa investigação, porque se presta a esclarecer-nos sobre o porquê de a teoria psicológica ter ganho uma tão grande importância nas pesquisas em história da arte nas últimas duas a três décadas. É nesta mesma época que o chamado individualismo atingiu um domínio avassalador nas artes plásticas (e noutras artes). Os historiadores da arte notaram que os artistas modernos se esforçam nas suas obras principalmente por produzirem imagens coloridas e apreendidas subjectivamente num momento fugaz de obras da natureza percebidas opticamente à distância.

(*) *Die spätrömische Kunstindustrie nach den Funden in Österreich-Ungarn, im Zusammenhang mit Gesamtentwicklung der bildenden Kunst bei den Milttelmeervölkern* [título integral da obra de Riegl conhecida como «A indústria artística tardo-romana»], apresentada por A.R. na real-imperial tipografia da Corte e do Estado.

Já na proclamação daquilo que parecia corresponder a uma fase determinada da evolução artística – o impressionismo opticamente distante – como principio fundamental da evolução artística geral no seu todo foram um pouco precipitados, tal como o falecido Semper estava pronto a fazer passar como princípio condutor da evolução de todas as artes plásticas sem excepção aquilo que julgou reconhecer como princípio da evolução da arte têxtil.

Procedesse a teoria psicológica na história da arte de modo completamente consequente e teria de colocar o impressionismo óptico no início, e fazer então seguir-se a concepção plástica que visa dar razão das partes individuais das figuras em si e da respectiva relação. O decurso da história da arte ensina com base nos monumentos conservados, porém, precisamente o inverso: as artes antico-orientais perseguem uma concepção eminentemente plástica, e a observação objectiva da natureza, o momento óptico-subjetivo, só se impôs gradualmente. Um ramo da arte antiga primitiva, a micénica, acusa desde muito cedo, ainda assim, tendências decididamente ópticas, e uma vez que tem uma certa ligação (até ao presente não inteiramente determinada, mas no todo inegável) com a arte grega posterior, dá-nos uma indicação sobre o lado donde proveio o impulso «naturalista» para primeiro plano na arte grega primitiva, que no essencial é, aliás, plástico-oriental. Teríamos desde sempre, por conseguinte, como já mencionámos anteriormente, duas orientações artísticas, que operam uma sobre a outra a partir de lados opostos: uma plástica e de visão próxima, oriunda dos povos orientais, e outra óptica e de visão à distância, provavelmente oriunda dos povos indo-europeus. Cada uma das orientações, perseguida unilateralmente conduz necessariamente ao deserto e à rigidez; numa impregnação mútua, ainda que frequentemente hostil, deram azo a uma evolução que foi fértil até aos dias de hoje.

Se, como foi dito, a teoria psicológica não satisfaz todas as expectativas que lhe vão associadas, isto, em última instância, em nada mais reside que no resquício de uma metafísica materialista que ainda se acoitou nela: na determinação da criação artística por meio da imagem mnésica. Fazem-se contas com ela como se de uma grandeza conhecida se tratasse, e, no entanto, é apenas um espantalho materialista, um nebuloso conceito metafísico. Uma vez esclarecida a coisa, fica também indicado o caminho que uma pesquisa futura, completamente imparcial, tem de desbravar: fora com este último resquício de metafísica materialista.

Há hoje uma corrente filosófica amplamente espalhada que decidiu ater-se apenas ao dado, recusando por princípio toda a metafísica: chama-se-lhe positivista (no sentido mais vasto). Se transferirmos os princípios desta orientação intelectual para a história da arte, teremos de dizer que a criação artística se manifesta somente como um impulso estético: num (no artista), reproduz os objectos da natureza de um modo determinado, sob a intensificação unilateral de uma característica e repressão das outras; noutro (no público), as coisas da natureza vêem-se reproduzidas do mesmíssimo modo como sucede ao artista contemporâneo. Aquilo pelo qual se pode determinar este impulso – seja agora matéria-prima, técnica ou uso a que se destina, ou imagem mnésica – é para nós, no mínimo, um *ignoramus*, talvez um *ignorabimus* para sempre: só nos resta a vontade artística como único dado certo([18]).

([18]) *Não sabemos e nunca saberemos*. Trata-se da conclusão, que se reproduz *infra*, do discurso proferido pelo naturalista alemão, de origem francesa (Huguenote), Emil du Bois-Reymond (1818-1896), no 45º Encontro da «Gesellschaft Deutscher Naturforscher und Ärtze» [Sociedade dos médicos e naturalistas alemães], que teve lugar em Leipzig. O discurso, *Über die Grenzen des Naturerkennens* [Sobre os limites do conhecimento da natureza], foi publicado em 1872. Em *Die sieben Welträthsel* [Os sete enigmas do mundo], 1880, é repisada a mesma ideia relativamente a quatro dos sete enigmas arrolados, quais sejam: o que é a matéria e a força, qual a origem do movimento, como se origina a sensação consciente a partir de nervos sem consciência, como se origina uma vontade livre que se sente obrigada relativamente ao bem. A expressão acabou por desencadear uma «Ignorabimus-Streit». Ambos os textos estão acessíveis em Emil du Bois-Reymond: *Vorträge über Philosophie und Gesellschaft* [Ensaios filosóficos e sociais], Hamburgo, Meiner, 1974.

«Perante os enigmas do mundo físico, o naturalista já se habituou há muito tempo a declarar com resignação varonil o seu '*ignoramus*'. Ao olhar para o caminho vitoriosamente já percorrido, dá-lhe ânimo a consciência tácita de que o que agora não sabe, poderia sabê-lo, pelo menos em determinadas circunstâncias, e talvez o venha a saber. Perante o enigma, porém, que a matéria e a

Põe-se agora a questão de saber como é possível a evolução no interior de uma tal vontade artística. Como o estudo dos monumentos nos dá ensinamentos sobre a sua bem conhecida sucessão temporal, a evolução não se liga, por exemplo, aos objectos da natureza como tal, que não deixam de permanecer idênticos a si próprios, mas ao modo como o homem queria ver reproduzidos os objectos da natureza. Neste lugar, só posso dar no que se segue um esboço geral dos factores motrizes do curso evolutivo da vontade artística tal como ela se nos apresenta nos períodos estilísticos conhecidos e circunscritos até agora; pronunciei-me sobre o assunto com mais detalhe, mas, claro está, limitando-me essencialmente à Antiguidade e ao dealbar da Idade Média, na obra já mencionada acerca d' «A indústria artística tardo-romana».

Os objetos da natureza manifestam-se ao sentido da visão humana como figuras isoladas, mas simultaneamente ligadas ao universo (isto é, a qualquer coisa como um excerto não delimitado deste) num todo infinito. Estão limitados por contornos, mas dissolvem-se mais ou menos fluidamente no que os rodeia. Mostram uma coloração fechada, local, e tomam parte em simultâneo no tom geral do que os rodeia. O desenvolvimento da vontade artística do homem associa-se então a este duplo fenómeno das obras da natureza aos olhos do homem. Podemos identificar aqui dois extremos: por um lado, o máximo isolamento do objeto natural, singular, perante todos os outros, por outro lado, a máxima ligação entre eles. Em ambos os casos aniquila-se a figura individual e, assim, também a possibilidade da sua reprodução na obra de arte: no primeiro caso, ela é atomizada, no último, volatiliza-se no infinito. Em contrapartida, oferece-se uma enorme margem de manobra na escala inabarcável entre ambos os extremos.

O homem não introduz nada na obra da natureza a reproduzir, limita-se a intensificar as características que a isolam do que a rodeia ou que a ele a ligam e reprime em simultâneo as outras, consoante a sua vontade artística se dirija mais para o fenóme-

força constituem, e de como conseguem elas pensar, é obrigado a decidir-se de uma vez por todas pelo veredicto muito mais difícil de aceitar: '*ignorabimus*'».

no da figura particular isolada ou para o facto de ela se ligar ao exterior. As duas orientações estão presentes desde o início: uma (a que a isola), já a caracterizámos antes como sendo provavelmente de origem antico-oriental, a outra (a que a liga) como sendo de origem indo-europeia. Esta última foi sempre a orientação motriz; a primeira, a conservadora. Em consequência disto, o curso da evolução até ao presente, tanto quanto estamos em condições de o conhecer a partir das obras de arte que chegaram até nós, apresenta-se em geral como uma progressão do isolamento mais rigoroso para uma ligação constantemente crescente. A observação da natureza, isto é, a reprodução fiel de características das obras da natureza que se destacam individualmente (ou seja, o que se costuma designar por naturalismo), foi sempre, porém, sem excepção, um objectivo condutor das artes plásticas; só que em diferentes épocas intensificaram-se na obra de arte diferentes características, que se podem todas reconduzir ao contorno e à cor, intencionalmente no seu efeito, e reprimiram-se outras de modo igualmente intencional, consoante se queria ver as figuras isoladas ou ligadas entre si, isoladas do plano ou a ele ligadas, isoladas da profundidade espacial ou a ela ligadas. Nesta intensificação, e também no caso da repressão, assenta a falta de naturalidade, o exagero, o idealismo, que é próprio de todas as obras de arte sem excepção perante as obras da natureza, exactamente como aquele naturalismo o é.

Cumpre considerar aqui uma segunda circunstância de importância fundamental. Uma obra da natureza que está rigorosamente isolada nos contornos e na coloração, tanto quanto ser possa, perfila-se já imediatamente à percepção sensível como uma unidade encerrada em si. Mas se os seus contornos se dissolverem e desaparecerem, se a sua coloração se tornar pouco clara e mutável, tem necessidade de que se vá em sua ajuda, complementando-a com a consciência da experiência, a fim de apreender com rigor a coisa na sua essencialidade isolada. Mas posto que a evolução, segundo o que foi dito anteriormente, levou em geral de um isolamento rigoroso a uma ligação crescente, resulta daí que a criação artística mais antiga que se conhece, que na sua parte decisiva provém da antico-oriental, deva ser pensada numa aparição das coisas imediatamente perceptível aos sentidos, ao passo que as fases mais tardias da evolução introduziram gradual e continuamente a consciência da experiência como factor espiritual na percepção da obra de arte.

Por fim, devemos ter bem presente que a convicção integral, absolutamente certa, do carácter isolado de uma coisa em geral nunca pode ser transmitida, no fundo, através do sentido da visão, mas somente pelo sentido do tacto. O isolamento que o sentido da visão nos revela mais não é, desde logo, que uma recordação das experiências do sentido do tacto. Daí que a mais antiga criação artística determinante – a antico-oriental – tenha sido seja essencialmente plástica (no sentido de despertar de experiências tácteis), ao passo que a sua tendência desde então se tornou crescentemente óptica, ainda que com aparentes retrocessos ocasionais.

A uma tal luz, aqueles monumentos do chamado ciclo micénico – para lá voltarmos mais uma vez – que são recalcitrantes a enquadrarem-se na teoria psicológica da evolução ganham naturalmente a sua explicação já mencionada anteriormente. É significativo que, na arqueologia, o primeiro investigador que tentou compreender a evolução da arte antiga mais recuada de um ponto de vista unitário tenha pressentido muito bem o significado dos monumentos micénicos para uma solução definitiva da sua tarefa, pois queixou-se expressamente da negligência até à data desta área pelos seus colegas de especialidade. «À excepção da cerâmica não vejo, diz Löwy (op.cit. p.6), que se tenha dado início a uma história da arte no seio do período micénico». Facto notável, dada a abundância dos respectivos fundos, mas, quando se conhece as circunstâncias, completamente compreensível. Nas determinações do espaço e do tempo, não há muito a fazer relativamente ao período micénico, e o elemento iconográfico não garante a uma investigação reflexiva muita margem de manobra para uma especialização independente; mas, perante o elemento artístico na obra de arte, a esmagadora maioria dos nossos confrades arqueólogos fica perplexa. O facto maçador é que esta perplexidade é artificialmente conservada em vida numa parte muito decisiva – claro que em função de uma pretensa cientificidade. O que pensar desta cientificidade e que tipo de ilusão a seu próprio respeito passa aqui despercebida já o fiz notar anteriormente a propósito da crítica ao culto dos factos isolados. O que fora talvez uma sadia auto-limitação, na época de Semper, é hoje o mais irritante entrave ao progresso e desenvolvimento da pesquisa arqueológica.

Se, até ao presente, o historiador da arte e o arqueológo podia dizer (ou melhor, não podia dizer): este quadro, ou esta estátua, é bom ou mau, também nos há-de saber dizer no futuro exactamente em que é que baseou este seu juízo de valor. Porque agradou tal obra de arte na época da sua génese e porque não agrada hoje? O que se pretendia outrora das artes plásticas e o que se pretende hoje? São estas as questões a que não podemos dar resposta a partir dos monumentos, mas nem por isso podem ficar sem resposta. Vejo aqui a tarefa mais candente da pesquisa em história da arte no futuro próximo.

Mas saber através do que é que se determina o impulso estético de ver os objectos da natureza reproduzidos nas obras de arte sob o prisma da intensificação ou diminuição das características que isolam ou que ligam, sobre isto só se pode proceder a suposições meramente metafísicas, que o historiador da arte se proíbe por uma questão de princípio. Em compensação, ainda podemos, de facto, ganhar uma base um pouco mais ampla para a compreensão mais profunda desta vontade artística. Se tomarmos em consideração não só as artes, como também qualquer uma das restantes grandes áreas culturais da humanidade – Estado, Religião, Ciência –, chegaremos à conclusão que também nestas se trata, em todas elas, da relação entre a unidade individual e a colectiva. Se seguirmos a direcção da vontade que determinados povos em determinadas épocas desenvolveram nas chamadas áreas culturais, revelar-se-á infalivelmente, em última instância, que esta direcção foi completamente idêntica à da vontade artística no mesmo povo. Resumamos esta vontade comum, sempre específica, em todas as áreas culturais pela designação de «concepção do mundo», e pode-se dizer que as artes plásticas não só são determinadas pela concepção do mundo de que são a cada momento contemporâneas, mas também que pura e simplesmente correm paralelamente àquela.

Este nexo entre artes plásticas e concepção do mundo demonstra no particular que a questão não importa só ao historiador da arte, mas também ao historiador comparativista da cultura – mais concretamente, é a verdadeira tarefa do futuro. Mas o historiador da arte não se pode, pois, furtar a colaborar nesta tarefa, desde logo porque está muitíssimo interessado na sua solução, como se pudesse estar à espera da realização gradual de trabalhos judiciosos por parte de outrem. Pois todas as chamadas áreas culturais não artísticas entram continuamente em jogo na história da arte, na medida em que fornecem à obra de arte (que nunca existe sem uma finalidade exterior) a ocasião externa, o seu teor. Mas está claro que o historiador da arte só poderá avaliar correctamente o motivo material e a sua concepção numa obra de arte determinada, se tiver intuído de que modo a vontade que deu impulso àquele motivo é idêntica à vontade que configurou desta e daquela maneira, e não de outra, a figura em causa segundo o contorno e as cores. Por outras palavras: a iconografia praticada tão unilateralmente e como um fim em si mesmo na investigação hodierna em história da arte, a par da determinação do espaço e do tempo, só adquirirá o seu verdadeiro valor para a história da arte, quando se congraçar com o fenómeno perceptível aos sentidos da obra de arte como forma e cor no plano ou no espaço – tal como uma determinação espácio-temporal só dará frutos, se reconhecermos claramente que a obra de arte em causa só podia ter nascido neste lugar determinado e em mais nenhum outro.

Ficamos por aqui no que diz respeito à importância para a história da arte da teoria positivista da vontade artística como elemento fautor de toda a criação artística plástica. Para a filosofia, porém, o resultado seria o de se poder chegar, com efeito, a uma estética empírica, pois o que os partidários de Semper e Fechner reclamaram como tal foi, no melhor dos casos, um estádio preliminar; ambos deixaram escapar a empiria em toda a sua pureza.

Obra da natureza e obra de arte. II

Num ensaio anterior, publicado com o mesmo título, tentei apresentar como, desde meados do século XIX, se revezaram três teorias relativamente à concepção da relação entre obra da natureza e obra de arte: a teoria puramente materialista de Gottfried Semper, a teoria semi-materialista, que se associava à imagem mnésica, e a positivista, que se atinha somente ao impulso estético, à vontade artística, como único dado positivo. Comum a todas estas três teorias era o facto de o princípio fundamental de cada uma delas ser apreendido como passível de evolução a partir de um motivo facilmente cognoscível, porquanto apenas deste modo se conseguia abrir a possibilidade de explicar satisfatoriamente a variegada mudança dos períodos estilísticos.

Ora, de alguns anos a esta parte, na Alemanha, ganhou uma crescente reputação entre artistas e leigos, amadores e historiadores da arte, a teoria artística, formulada pelo escultor alemão Adolf Hildebrandt e sedimentada no seu livro «Das Problem der Form in der bildenden Kunst» [O problema da forma nas artes plásticas], que rapidamente se celebrizou e já vai na terceira edição. O autor deste livro reúne em si três dons de modo tão feliz como nunca voltou a ser atingido por nenhum artista moderno desde Gottfried Semper: um importante mestre, a exercer o ofício, é em simultâneo um pensador que sabe fazer jus com precisão à essência da sua criação artística, mas fá-lo de um modo literariamente tão rico, que consegue expor ao público os resultados das suas reflexões de maneira compreensível. O modo como um artista-pensador deste gabarito entende a relação entre obra da natureza e obra de arte é digno da mais denodada consideração sob todos os aspectos. Que, apesar disso, não o tenha expressamente levado em linha de conta no meu ensaio anterior explica-se pela circunstância de que Hildebrand, pensando muito bem a este respeito, ter proposto uma lei fixa, mas não ter deixado em aberto a possibilidade de evolução no seu seio(*). Hildebrand pertence justamente, em oposição a Semper, que está no início de um período retrospectivo, a uma época mais recente, cujos artistas abandonaram o respeito às antigas obras de arte como tal e, em contrapartida, readquiriram a coragem de uma opinião artística própria. Também Adolf Hildebrand é de tal opinião, e nele, ela tornou-se uma convicção inabalável, como é compreensível num artista que olha para a frente. Daí resulta com toda a consequência lógica que Hildebrand deva ter uma atitude de simples rejeição não só perante as orientações meramente modernas que não satisfazem as pretensões da sua norma, como também perante procedimentos artísticos mais antigos que já há muito tempo conquistaram o direito histórico à existência, como por exemplo, o de Canova ([19]). Nunca poderia ter estado nas intenções de Hildebrand compreender os procedimentos estilísticos mais anti-

(*) Com isto não se está a dizer que o próprio Hildebrand gostaria de abrir mão directamente da possibilidade de evolução; o que ele, por exemplo, diz sobre as esculturas do antigo Egipto permite até concluir directamente por uma noção de evolução. Mas um princípio que condicionaria de modo regular uma evolução dessa índole não é indicado em lado nenhum do livro de Hildebrand, a sua lei fundamental mantém-se antes, rigorosamente por toda a parte, como fórmula inconcussa no geral.

([19]) Riegl refere-se a Antonio Canova (1757-1822), desenhador, pintor, antiquário, arquitecto italiano, que se notabilizou como escultor.

gos, divergentes dos seus, na sua necessidade interna, quer dizer, a partir das suas condições evolutivas; aquilo a que aspirava era unicamente à fixação de uma norma contra a qual toda e qualquer pessoa pudesse aferir o valor das obras mais antigas. Neste ponto, a sua teoria artística confina com a de Winckelmann e aparta-se ao mesmo tempo das três teorias evolutivas já mencionadas.

A despeito desta variedade de intenções fundamentais vemos inúmeros fios de ligação a passarem de um lado para o outro. Vale a pena segui-los e assim verificar, pelo menos nos seus traços mais gerais, a relação entre a teoria da criação artística de Hildebrand, a justo título tão celebrada, e as teorias evolutivas, dominantes na história da arte. De uma pesquisa desta índole, é lícito esperar elementos esclarecedores e úteis para ambos os partidos intervenientes: tanto para aqueles para quem se trata, como para Hildebrand, do conhecimento de uma norma estética, fixa, de apreciação e avaliação de obras de arte mais antigas, como para aqueles que gostariam sobretudo de saber por que razão as obras de arte de épocas anteriores não têm o mesmo aspecto das de hoje.

Há algo em comum, desde logo, na instituição de um princípio fundamental de que as teorias da evolução não podem prescindir, bem como a teoria absoluta que tem o seu ponto de partida no artista. Ora, o princípio fundamental da doutrina de Hildebrand reza assim: aquilo que diferencia a obra de arte da obra da natureza é o seu teor arquitectónico, em oposição ao teor imitativo que é comum a ambas. Assim, toda a determinação da obra de arte mediante a imagem mnésica fica já excluída, imagem essa que só se pode associar ao teor imitativo, o que aliás é expressamente formulado por Hildebrand (na pág. 37 da terceira edição do seu livro). Mas que o teor arquitectónico da obra de arte não deve ser pensado como sendo determinado por factores materiais, por exemplo, a matéria-prima, foi formulado por Hildebrand não menos inequivocamente (p. 85); e assim parece recusada também uma conexão com a teoria de Semper. Antes, o teor arquitetónico é produzido unicamente por um impulso estético («necessidade instintiva», p. 7); dado que este impulso não é visivelmente nada mais que a «vontade artística» da teoria positivista, resulta que a doutrina artística de Hildebrand, pelo menos no seu princípio fundamental, coincide completamente com a teoria da evolução, por mim caracterizada como positivista.

Se nos debruçarmos pormenorizadamente sobre a concepção de Hildebrand relativa ao teor arquitetónico da obra de arte, podemos verificar ainda a sua concordância num ponto adicional, basilar, com a teoria positivista que tenho vindo a esboçar. O teor arquitectónico consiste, segundo Hildebrand, no facto de os objectos da natureza na obra de arte deverem aparecer em simultâneo, por um lado, como desenvolvidos tridimensionalmente e coesos em si, por outro, como formas que se movem livremente no espaço infinito. Nesta definição está contido um factor constante, a par de várias variáveis. O factor constante consiste no facto de o estabelecimento de uma relação imediatamente evidente, unitária, entre as coisas individuais e o que as rodeia constituir a tarefa de toda a criação artística plástica; reconhece-se aqui, sem dificuldade de maior, aquele duplo fenómeno inerente a todos os objectos da natureza entre coesão individual, por um lado, e a dissolução no que os rodeia, por outro, a que se liga toda a criação artística plástica, segundo a teoria positivista da evolução. Rigorosamente considerado, tudo o mais na definição de Hildebrand, porém, só é válido para a sua própria criação artística; num sentido mais alargado, para a escultura moderna; e, no sentido mais vasto, para as artes plásticas modernas em geral; só pode ser aplicada a todos os procedimentos artísticos anteriores com restrições e condições mais ou menos severas.

Trata-se aqui, no seio de um dado universal e constante, – da relação de objectos individuais com o que os rodeia em geral – de três relações especiais e variáveis: a relação do objecto individual com o que o rodeia em particular, a relação do próprio objecto com as três dimensões e a relação do espaço que o rodeia com as três dimensões.

O que diz respeito à relação mencionada em primeiro lugar é pensado por Hildebrand como um estado ideal de equilíbrio: as coisas individuais devem perfilar-se, por um lado, completamente claras e limitadas para si, por outro, não devem destacar-se de nenhum modo, perturbando o que as rodeia. Neste ponto trai-se o escultor da pedra, a quem o material por si só proíbe uma configuração demasiado frouxa dos contornos e para quem, por isso, certas tendências modernas, por exemplo, na escultura italiana, devem ser uma abominação; pode-se até designar isto como uma direcção antiquante, representada a este título por Hildebrand. De um tal ponto de vista, nem a arte do Oriente antigo e arcaico, nem a tardo-romana e medieval, que isolaram rigorosamente, tanto quanto possível, as formas perante o que as rodeia, nem sequer algumas mais recentes, que, ao invés, (como por exemplo o claro-escuro de Rembrandt, cujos contemporâneos holandeses, significativamente, julgavam não ter nada que ver com a escultura) fazem matizar os contornos da forma através do que a rodeia, têm a sua razão de ser. E, no entanto, estas artes foram importantes para a humanidade ao longo de séculos e milénios, satisfazendo plenamente todos os seus desejos artísticos.

A relação dos objectos individuais com as três dimensões deveria ser observada, segundo Hildebrand, de tal modo que o desenvolvimento das suas partes nas três dimensões (e, portanto, em particular na profundidade) devia manifestar-se de maneira completamente clara e unitária. Nesta definição, contudo, não há lugar para a arte do antigo Egipto, que reprimiu, tanto quanto lhe foi possível, a manifestação da terceira dimensão, mas também não o há para a arte tardo-romana, e, seguidamente, também não o há para certas orientações artísticas muitíssimo modernas que se esforçam por produzir fenómenos vivos, excluindo todos os aredondamentos escultórico-tácteis, apenas com cores e contornos e as experiências da consciência que lhe estão associadas.

A relação do ambiente espacial com as três dimensões é, por fim, pensada por Hildebrand como algo tal, que se deve manifestar como que estendendo-se livre e em uniformemente por todas as três dimensões. Neste ponto, é o artista moderno em Hildebrand que fala mais alto e mais unilateralmente. Pois a concepção do ambiente espacial do objecto individual na obra de arte como espaço aéreo infinitamente tridimensional só começa, rigorosamente falando, no Renascimento (a partir de Ghiberti[20]); a Antiguidade no seu todo, tanto quanto levou em consideração o ambiente do objecto individual na obra de arte em geral, quis considerá-lo apenas segundo duas dimensões, altura e largura, quer dizer, como plano. Até as pinturas mais avançadas da era imperial romana, com os seus planos aparentemente bem mais aprofundados, acumulam de facto figuras e motivos uns atrás dos outros e uns por cima dos outros, mas reprimem propositadamente e sem excepção aquelas características que seriam aptas a trazer à consciência do espectador a extensão em profundidade do espaço enquanto tal: as figuras permanecem nos diferentes planos à frente e atrás, em toda a parte com um tamanho aproximadamente igual e esboçadas com igual nitidez(*).

A relação da doutrina artística de Hildebrand com as teorias da evolução na história da arte pode ser determinada, em resumo, dizendo que Hildebrand, em tudo o que constitui o permanente e universalmente válido na criação artística, plástica, encontra-se completamente no solo das teorias por mim designadas(*) por positivistas: tanto na aceitação de uma vontade artística como factor motriz último, conhecido, tal como na definição da tarefa

---

([20]) Lorenzo Ghiberti (1378-1455), pintor e escultor a partir do qual se costuma datar o Renascimento Italiano, pelo menos no que toca à escultura.

(*) Os teóricos da imagem mnésica vêem-se obrigados a reconduzir a gritante «falta» de reprodução da natureza na obra de arte à capacidade de observação defeituosa e tosca do homem antigo. Pode-se reconhecer neste exemplo de modo supinamente instrutivo como os preconceitos podem conduzir aos erros mais crassos e manifestos, pois os antigos eram superiores aos modernos em acuidade de observação sensorial, tal como os índios o eram relativamente aos conquistadores ingleses. A nossa violenta dominação da natureza dos dias de hoje organiza-se essencialmente com base no trabalho intelectual, e que os sentidos nada ganharam com isso é o que nos ensina desde logo o número de pessoas que usa óculos entre os «povos pensantes» da Europa. Se, portanto, os antigos romanos e gregos não levaram em linha de conta a perspectiva aérea nas suas obras de arte, é porque tinham as suas boas razões para reprimir na obra de arte estes fenómenos da natureza, que decerto lhes eram pelo menos tão conhecidos a eles como o são a nós.

(*) Não no sentido em que o próprio Hildebrand (p. 39) usa a expressão «positivista» seguindo nisso outros teóricos

da vontade artística, tarefa essa que se pauta, também segundo Hildebrand, pelo estabelecimento de uma relação unitária entre coisa individual e ambiente. Mas, assim que se precisar a definição para além deste ponto, apartam-se os caminhos do artista e do historiador da arte. O artista pode imaginar a relação pensada apenas numa versão única e determinada: naquela que segue na sua própria criação artística; está no seu pleno direito, e temos apenas de nos regozijarmos pela sua vigorosa convicção. Ao historiador da arte, pelo contrário, está-lhe vedado trilhar a mesma via, pois estaria assim a sacrificar a legitimação da noção de evolução de tal modo, que amputaria a si próprio a possibilidade de fazer jus, com toda a idoneidade histórica, a todos os períodos artísticos anteriores sem excepção (até, por exemplo, ao de Canova, expressamente rejeitado por Hildebrand).

Todas estas dificuldades surgem na teoria positivista cujos traços fundamentais expus sucintamente nestas páginas, em seu socorro vai o facto de esta teoria incluir em si, por um lado, a doutrina artística de Hildebrand – o que esta tem de universalmente válido e permanente como princípios fundamentais, o que esta tem de especial como uma fase evolutiva determinada e moderna – por outro, contudo, vai para além disso, na medida em que leva mais longe a compreensão dos princípios fundamentais e assim abre espaço a uma explicação válida de todos os procedimentos estilísticos transactos sem excepção.

Uma nova história da arte

Quando Bramante foi incumbido pelo Papa Júlio II ([21]) de executar a construção da cúpula de São Pedro, no seu entusiasmo impulsivo, conseguiu fazer avançar a obra com uma celeridade tal que, alguns anos depois, aquando da morte do primeiro empreiteiro e construtor, os quatro poderosos pilares da cúpula erguiam-se prontos. Ora, a isso seguiu-se um longo intervalo de reflexão até que se tomou a decisão de avançar para a abóboda da cúpula e terminar assim a construção; conta-se que se examinou a capacidade de carga dos pilares e que ela foi considerada insuficiente, de tal modo que foi preciso proceder ao reforço substancial dos alicerces, antes de se continuar a construção. Foi necessário meio século, até Miguel Ângelo e Giacomo della Porta ([22]), para que a

([21]) Donato d'Angelo Lazzari, dito Bramante da Urbino (1444-1514), recebeu do Papa Júlio II, em 1503, a comissão de reconstruir a basílica de São Pedro em Roma. O seu projecto, que era marcadamente romano-bizantino, foi bastante alterado depois da sua morte.

([22]) Giacomo della Porta (1533-1602) arquitecto e escultor italiano, trabalhou com Miguel Ângelo e Giacomo Barozzi da Vignola, seu antigo professor. Entre 1588 e 1590 participou nas obras da cúpula da Basílica de São Pedro.

cúpula que coroava o todo se tornasse um facto. Recordamo-nos desta história relativa à construção da cúpula de São Pedro, ao considerar a evolução da história da arte como disciplina científica, tal como decorreu até ao presente.

Data-se o seu início, como é sabido, da entrada em cena de Johann Joachim Winckelmann em meados do século XVIII. Se se entendesse por história da arte a mera enumeração à maneira dos cronistas ou a descrição sistemática das obras de arte e as biografias dos artistas, contar-se-ia já entre os historiadores da arte pelo menos Vasari, o historiógrafo do *cinquecento* florentino. Também o facto de Winckelmann escrever não em função de um interesse na arte que se desenvolveu historicamente no seu tempo, mas antes ter escolhido como objecto do seu estudo a arte de um passado distante, teve os seus predecessores em tempos recuados, se quisermos remontar até Plínio. O que torna Winckelmann o primeiro historiador da arte é o seu acentuado esforço por fixar e destacar o elemento comum com que depara em todas as obras de arte antigas por ele estudadas. Não é a existência da obra de arte individual que lhe interessa por si própria, não, é a existência precisamente daquele elemento comum que liga entre si todas as obras individuais e as reúne sob um todo mais elevado, ainda que somente conceptual. Winckelmann foi assim o autor do primeiro conceito de estilo: o da arte clássica. Enquanto mero conceito não tem, no entanto, realidade objectiva, perceptível aos sentidos: neste ponto, a história da arte de Winckelmann confina com a estética abstracta. Mas todos os elementos do conceito existem de modo perceptível aos sentidos enquanto sensações nas obras de arte individuais e reais, ainda que inextricavelmente unidos a outros elementos exteriores ao conceito: neste ponto, a história da arte de Winckelmann confina com o mundo dos factos da experiência. A história da arte como ciência tem como objectivo mais elevado, desde Winckelmann, associar entre si os fenómenos artísticos destacando as suas características comuns e introduzindo-os assim na nossa consciência por via do conhecimento adquirido desse modo. A história da arte pretende colocar-nos em condições de subsumir imediatamente toda a obra de arte que nos caia debaixo dos olhos em algo de mais geral e que já conhecemos, o conceito de estilo, de tal modo que a obra de arte perca o carácter estranho, perturbador, ficando nós desse modo capacitados com maioria de razão a fruir o específico, peculiar, o que nela é inusitado, com o pleno encanto que toda a variação costuma arrastar consigo.

Era só na solução de uma tarefa definida nestes termos que cumpria pensar, pois, quando se analisava o imenso material das obras de arte conservadas, reunido em determinados grupos de carácter mais ou menos unitário: foi assim que se chegou à distinção de períodos estilísticos em que devemos ver como que o pilar de fundação do edifício da história da arte que cumpre construir. O primeiro pilar começou-o ainda a construir o próprio Winckelmann: é precisamente o da arte clássica. O Renascimento italiano havia de constituir o segundo pilar principal; o terceiro, referente à Idade Média, já fora antecipado em parte pelo Romantismo. Na ordem temporal, o último pilar visado foi a pesquisa dos chamados estilos artísticos do pitoresco, principalmente do século XVII. Desta maneira, dividiram-se, no decurso de um século, todas as obras existentes das artes plásticas no seu conjunto em quatro fortes, mas bem delimitados, territórios, e então cumpriria avançar para o coroamento do edifício, para a fixação do elemento comum aos quatro grupos, unindo-os numa unidade que tudo abrangesse. Mas foi nesse momento que surgiram escrúpulos acerca da capacidade de carga dos alicerces existentes que, a breve trecho, conduziram a que se colocasse em causa, no seu todo, o êxito do método de construir até ao presente.

Incorporara-se até então uma variedade de obras de arte, ao abrigo de meras características exteriores, em determinados períodos estilísticos e acabou-se então por fazer com frequência a experiência de que a tradição escrita dá necessariamente origem a uma determinação epocal diferente. Ou por outra, opuseram-se a certas tradições literárias em que se confiara às cegas outras tradições, não menos dignas de crédito, com um conteúdo contraditório. Consoante se atribuía tais obras de arte a este ou àquele período estilístico, a imagem destes mesmos períodos estilísticos, isto é, o conceito do estilo, devia sofrer modificações e deslocamentos. Se antes, com um excesso de confiança ingénua, havia entusiasmo pela construção, já não se punham agora limites à desconfiança. Chegou-se por fim à palavra de ordem: sobretudo, nada de compilações estilísticas, nada de destacar elementos comuns, antes de se determinar para cada obra de arte individual, ou pelo menos para as mais eminentes de entre elas, uma determinação espácio-temporal que não admita dúvidas, um lugar seguro no interior de um determinado período estilístico! Pouco depois de meados do século XIX, fez-se ouvir este grito por um reforço dos alicerces da história da arte, e a orientação pelas ciências auxiliares, que foi a sua consequência directa, dominou desde então toda a pesquisa em história da arte em geral até ao findar do século – permaneceu inclusive dominante em territórios particulares até aos dias de hoje, como por exemplo na arqueologia clássica.

Por mais necessário que tenha sido este reforço dos alicerces, ele levou por fim, com o seu estudo unilateral dos factos isolados, a que se esquecesse a verdadeira tarefa de construção sobre os alicerces. Nada seria mais injusto do que querer passar em claro, ou querer subvalorizá-los, os resultados duradouros que devemos à pesquisa da segunda metade do século XIX. Esta levou a cabo algo de imperecível e insubstituível não apenas na produção de alicerces mais seguros, levou também a que uma pressuposição muito importante de toda a investigação científica, pela qual se pugnava já desde Winckelmann, se tornasse com maioria de razão um facto: a saber, a pressuposição de que toda a obra de arte individual é digna de consideração e conhecimento científico, sem que se leve em linha de conta se agrada ou desagrada ao espectador. A orientação pelas ciências auxiliares que a história da arte seguiu nunca mais regrediu à mera enumeração à maneira dos cronistas da era pré-winckelmaniana, como se poderia talvez estar tentado a crer, mas procurou sempre ligar a obra de arte individual a outras, ou seja, procurou fixar elementos comuns entre esta obra de arte determinada e as outras; a restrição residia apenas no facto de este género de investigação recorrer, para efeitos de comparação, às obras de arte mais próximas segundo a sua génese espácio-temporal. Mas, se nos detivermos nesta restrição, também não se pode prever o termo do processo de fundamentação. Nos últimos dez anos, começou-se gradualmente a levantar a questão de saber se a fiabilidade na formação dos conceitos de estilo ficaria assim tão irremediavelmente ameaçada, se, por exemplo, a data de nascimento de um artista fosse fixada alguns meses antes ou se um quadro de segunda categoria fosse atribuído a outrem que não ao mestre correcto, conquanto da mesma escola. Começou-se novamente a procurar algo de essencial para lá das obras de arte individuais com a sua génese espácio-temporalmente determinada, essencial esse que partilham com outras obras de arte cujo conhecimento nos habilita a integrar esta obra de arte na nossa consciência de maneira completamente diferente da do mero conhecimento do seu lugar histórico, exterior. Sentiu-se recorrentemente a necessidade de um elemento unitário, comum, uma vez que só este elemento nos ensina a compreender realmente as obras de arte individuais, mais concretamente, devia ajudar-nos a explicar já não períodos individuais, mas sim a totalidade da história da arte no seu decurso ininterrupto. O que é a unidade na mudança, e o que condiciona a sua aparente mudança? Eis a pergunta moderna da história da arte, ela não significa nada menos do que o seguinte: dispomo-nos a avançar para a cúpula que coroa o edifício.

Para atingirmos esta meta, há duas vias. Uma é a sintética, que parte da obra de arte individual e do seu conhecimento mais profundo e, nesta medida, liga-se directamente ao método de pesquisa das ciências auxiliares até ao presente, mas as características que a separam de outras obras de arte, não são, como até agora, alvo da pesquisa no seu conjunto, mas considera só as características essenciais, mais destacadas entre elas, desconsiderando a maioria confusa das menos essenciais, o que tem como consequência natural que as características unificadoras se perfilam ao investigador mais puras e nítidas. Trata-se, por assim dizer, de uma economia dos momentos da investigação pela qual se torna possível subir mais facilmente do individual ao geral. As etapas deste modo de investigar, para escolher um exemplo concreto, são, a título ilustrativo, as seguintes: identificação dos períodos criativos individuais de Dürer, toda a produção artística de Dürer, toda a pintura alto-alemã da sua época, toda a pintura alemã da época, a generalidade das artes plásticas alemãs daquele período, por fim, toda a arte europeia no primeiro terço do século XVI; como objectivo ideal mais afastado, finalmente, a apresentação do que é comum às tendências artísticas e às restantes tendências culturais – na religião, filosofia, política, movimentos sociais – da mesma época. A segunda via é a via analítica, esta já toma como ponto de partida consolidado aquilo a que a via precedente só no fim chegou, na medida em que estabelece como axioma que não tem de ser demonstrado de antemão a unidade entre artes plásticas e a cultura no seu todo. O novo terreno que se abre agora à investigação não deve começar por ser conquistado gradualmente, mas sim ocupado e rigorosamente delimitado de um só golpe. A vantagem deste método está bem patente: o impulso para uma unidade absoluta na representação consegue-o ele apaziguá-lo imediatamente – e por enquanto só ele – ao passo que do método sintético recebemos apenas meras instruções, no melhor dos casos, para uma solução futura. A primeira via é a mais cautelosa, mas mais segura e rigorosamente científica, sendo, por isso, trilhada regra geral pelos historiadores de ofício. A segunda presta-se mais a satisfazer os desejos daqueles leigos letrados que querem ver saciada a sua necessidade de unidade na reflexão relativa à história da arte, sem se atormentarem com muitas dúvidas sobre a correcção do conhecimento adquirido no particular. Mas a necessidade de unidade formal é em simultâneo algo de genuinamente artístico e deve por natureza constituir um estímulo, particularmente para quem se dedica à prática artística. Assim se explica que a via analítica seja trilhada principalmente por aqueles historiadores da arte que também são artistas. É uma publicação recente, significativa, deste último tipo que gostaríamos agora de apresentar ao leitor.

Veio recentemente a público uma «Geschichte der Kunst» [História da Arte], em dois grossos volumes, da autoria do arquitecto e professor na Escola Superior Técnica de Dresden, Cornelius Gurlitt(*). O nome do autor goza de boa reputação há muito

(*) Cornelius Gurlitt, *Geschichte der Kunst* [História da arte]. Estugarda, 1902, A. Bergsträßer. Volume I, 696 p., 15 imagens, Volume II, 792 p., 15 imagens.

tempo, e também se conhece já suficientemente a sua concepção, que devemos ter presente, a respeito de uma história universal das artes plásticas. O seu ponto de partida foi Gurlitt buscá-lo à crítica das obras de arte individuais; de tal género é a sua *Geschichte der Barockarchitektur* [História da Arquitectura Barroca] que surgiu já há uns decénios, onde o ponto de vista englobante ainda estava completamente em segundo plano, mas que já manifestava muito caracteristicamente um forte interesse pelas correntes políticas e espirituais que corriam em paralelo com as artísticas. Uma solução mais madura no mesmo sentido forneceu-a Gurlitt com a sua *Geschichte der deutschen Kunst im XIX Jahrhundert* [História da Arte Alemã no Século XIX]. Com esta obra que acaba de vir a lume, pretende ele apresentar uma profissão de fé integral relativa à sua concepção da arte.

O que o levou a isso di-lo ele próprio de antemão: sente falta de unidade na actual história da arte. Ao dizê-lo, escapam-se-lhe dos lábios as palavras certeiras que vão ao encontro dos milhares de pessoas que ainda hoje, como outrora ele próprio, estão perplexas perante a mole caótica dos factos individuais investigados, sem que por esta via se consiga estabelecer uma ligação entre eles na própria consciência. Quando Gurlitt diz, além disso, que esta ligação se produzirá, quando se descobrir a «par da história da forma também o fundamento íntimo da mudança da forma», dificilmente algum moderno historiador da arte o contrariará.

A via analítica que o separa de outros investigadores trilha-a Gurlitt no momento em que não procura aquele «fundamento íntimo» especialmente em mestres, escolas, nações, períodos culturais, determinados e deduzidos gradualmente das obras de arte individuais, mas na «fé dos povos e no respectivo modo de expressão, na liturgia, nos meios de reprodução das formas de país para país, e, por fim, na meditação sobre a essência da arte, na filosofia». Gurlitt reconhece, pois, um motivo de desenvolvimento mecânico – a transmissão externa das obras – que já anteriormente, no período dominado pelas ciências auxiliares, desempenhou o mais decisivo dos papéis, e, a par disso, mais dois motivos espirituais: a religião e a filosofia, sendo que o recurso a tais motivos fora, em tempos que já lá vão, sumariamente desaprovado como não científico.

O que Gurlitt assim oferece é uma enumeração judiciosa dos acontecimentos mais importantes na história da arte, sendo que o apurado olhar do autor para a separação entre o essencial e o não essencial confere um valor muito particular ao livro; mais concretamente, uma especificação a partir de um ponto de vista unitário, que é justamente o que hoje muitos procuram insistentemente, sobretudo entre os leigos letrados nos países de expressão alemã. Mas Gurlitt não procura o princípio da unidade na própria evolução da arte, mas sim no paralelismo corrente com a evolução na política e na vida espiritual dos povos; para o mostrar, basta citar os títulos dos capítulos do segundo volume: A Burguesia; Renascimento e Reforma; A Contra-reforma; A época das guerras religiosas; O Mercantilismo; O Iluminismo; A revivescência do elemento nacional; A época da cientificidade. Esta presuntiva unidade existe em absoluto, segundo me quer parecer, por mais que, não raro, seja negada pelos pedantes; em minha opinião, é – nem mais nem menos – o pressuposto inconsciente de todo o nosso pensamento histórico. É somente questionável se esta unidade, a título de exemplo, entre a arte e a religião, pode ser comprovada já hoje como evidência científica; não gostaria de responder completamente pela negativa a esta questão, mas pelo menos uma coisa é certa: a prova não foi produzida por ninguém até agora. Também Gurlitt não o faz; e os fios que sabe tecer ocasionalmente entre ambos os territórios chegam bem para nos dar a convicção de que o autor possui um pressentimento intuitivo, no seu foro interno, da plausibilidade do seu paralelismo, mas não para o tornar objectivamente procedente para todos os leitores. Gurlitt está visivelmente ciente disto no seu conjunto, pois apresenta como intenção sua mostrar como se desenrola o decurso da totalidade da história da arte numa cabeça – a sua. Gurlitt parece ter uma opinião no fundo muito céptica sobre a possibilidade de pesquisar pela investigação histórica verdades universalmente vinculativas, de tal modo que quase nos lembramos da doutrina fatal da relatividade de todas as pretensas verdades. Mas, se a subjectividade da concepção é confessada, tudo passa a depender do sujeito, na medida em que pode reclamar o direito a ser universalmente escutado. E ninguém contestará este direito a um conhecedor tão profundo e a um investigador tão sério. A posição do livro relativamente às grandes questões do dia na história da arte pode-se precisar, por conseguinte, em traços largos dizendo que certamente não oferece uma solução cientificamente procedente, mas que é, ainda assim, merecedora de discussão e muitíssimo estimulante.

Para concluir acrescente-se uma palavra acerca das ilustrações, pois neste capítulo também se expressa algo de sintomaticamente novo. Primorosas na execução, são patentemente escassas em número: apenas 15 reproduções por volume. Que deste modo as transformações dos estilos artísticos não podem nem de perto nem de longe estar exaustivamente representadas é evidente; é claro que a este respeito dever-se-ia ter em mente mais um intervalo que simultaneamente estimulasse e distraísse o leitor no decurso do texto do que ministrar ensinamentos acerca do desenvolvimento das formas. Pois até ao nível da ilustração não é por imagens mas apenas por palavras que se pode exemplificar o relegar de uma obra de arte individual para segundo plano em favor do elemento unificador e geral. Sintomas da reacção contra a primazia da imagem encontramo-los não raro na literatura de hoje, que eles possam igualmente figurar num livro sobre história da arte, escrito por um artista, merece ser duplamente sublinhado como sinal dos tempos.

Sobre os amadores de arte: antigos e modernos(*)

Um dos fenómenos mais marcantes da vida moderna é o associativismo. Qual é o seu móbil, donde vem o ímpeto urgente para tal? A resposta imediata reza: a comunidade de interesses. Um dado número de pessoas consagra-se à mesma actividade, segue as mesmas tendências, e cada qual crê que sai a ganhar, se todos unirem esforços para atingir um e o mesmo objectivo. Mas acresce a isto uma segunda coisa. Aqueles que se unem com uma determinada finalidade crêem assim que estão a ser úteis não só a si próprios mas também à colectividade, na medida em que desempenham uma tarefa determinada como que numa espécie de divisão do trabalho no seio da colectividade. O egoísmo em estado puro nunca pode ser o princípio da sociedade; há, sem dúvida, sociedades que parecem estar dele imbuídas a um ponto extremo, mas ainda assim é-lhes inerente uma necessidade interna, pois de outro modo não subsistiriam: o todo ameaçado por elementos

(*) Conferência proferida na *Sociedade vienense dos amadores de arte* (nota do editor alemão).

puramente egoístas e por ninguém fomentado impossibilitaria o seu próprio aparecimento.

Ora, pelos vistos, nada há de mais privado, subjectivo e egoísta que o amador de arte. Sobretudo quando ele se reveste simultaneamente da figura do coleccionador (o que hoje, contudo, quando temos colecções públicas, não faz necessariamente parte do conceito de amador de arte). Ele colecciona exclusivamente segundo o seu gosto subjectivo e exclusivamente para seu gozo privado. Por urbanidade permite em todo o caso que alguns amigos tomem ocasionalmente parte daquele. Há também, sem dúvida, amadores de arte que abrem as suas colecções, por vezes, a círculos do público mais alargados, mas estes amadores de arte constituem uma excepção, e tais ocasiões também. Em todo o caso, a abertura ao público do local onde está instalada uma colecção de arte não faz parte da essência do amador de arte.

Eis que agora os amadores de arte também se associaram. Não é necessário prová-lo, pois, se assim não fosse, não poderia eu ter a honra de me dirigir hoje a esta assembleia. Certamente que os amadores de arte se reuniram nesta assembleia ao abrigo de interesses comuns; mas, pelo simples facto de se terem associado, dão a conhecer *eo ipso* que consideram simultaneamente o cultivo dos seus interesses de amadores de arte algo que promove a cultura no seu todo. Deve-se atribuir ao amador de arte um papel determinado na organização cultural em globo. O amador de arte tem uma missão determinada a desempenhar nas condições culturais dos dias de hoje. Em que consiste tal missão? Quis-me parecer que já era tempo de encarar a sério esta questão e de tentar solucioná-la. Se tive êxito, é algo que vos cabe, a vós, decidir; mas não deixo de solicitar, desde já, aquela justa medida de indulgência que todas as primeiras tentativas têm direito a reclamar.

Antes de mais nada, temos de resolver uma questão prévia: o que é um amador de arte? Se tomarmos a expressão ao pé da letra, seria todo aquele que tem uma relação cordial, seja ela qual for, com as artes plásticas; mas é evidente que deste modo alargaríamos o círculo excessivamente. Por exemplo, há inúmeros trabalhadores que assistem a conferências de divulgação sobre artes plásticas, fazendo deste modo prova, sem dúvida, de que são amadores de arte; isto só por si não basta para os contarmos entre os «amadores de arte». O princípio de que habitualmente se parte, quando se pretende caracterizar as pessoas segundo a sua relação com as artes plásticas, é o da oferta e procura, produção e consumo, distinguindo-se assim os artistas produtores dos leigos consumidores. Mas este princípio claudica também no caso dos amadores de arte: vemos nesta assembleia artistas e leigos lado a lado. Não é a produção que interessa aos amadores de arte, pois então não haveria leigos entre eles; mas também não é o consumo, pelo menos não é o consumo da arte moderna, actual, de hoje em dia, pois nesse caso não haveria artistas entre os amadores de arte, tal como não toparemos um merceeiro numa cooperativa de consumo. O que caracteriza os amadores de arte e os reúne numa sociedade não pode ser nem a produção moderna como tal, nem o consumo, isto é, a fruição de obras de arte modernas, mas sim uma terceira coisa. E o que esta terceira coisa é não oferece nenhuma dúvida, se passarmos os olhos pelo título das conferências que foram proferidas até ao momento nesta sociedade de amadores de arte.

Os temas destas conferências são exclusivamente extraídos da chamada arte antiga, quer dizer, da arte que não é moderna. Se aplicarmos o termo «amador de arte» rigorosamente como *terminus technicus*, só se pode referir a um apreciador da arte antiga. Para o amador de arte trata-se de consumir, mas de consumir obras de arte antigas, não modernas, e, por isso, um artista em exercício, que deve ser sempre cada vez mais moderno, não pode ser um amador de arte, quer dizer, um consumidor de arte.

Aqui parece pôr-se de imediato a questão: como é que o amador de arte se comporta com a arte moderna? Se trouxéssemos à colação desde já esta questão, o desenvolvimento do tema que nos ocupa complicar-se-ia e confundir-se-ia, mas como também não é necessário fazê-lo, cingir-me-ei por isso à mera enunciação do facto de que os amadores de arte, regra geral, não manifestam de modo nenhum um sentimento de repulsa, por princípio, relativamente à arte moderna; afirmo: é um facto, pois está irrefutavelmente comprovado pela circunstância de que pertencem a esta sociedade de amadores de arte um certo número de artistas modernos que não negariam o seu próprio direito à vida. Aliás, ainda voltaremos a esta relação mais tarde.

Os amadores de arte têm, pois, a missão de conservarem as obras de arte antigas, não modernas, conquanto elas tenham chegado até nós numa constante valorização. Mas a questão a que temos de dar resposta passa a ser, então, a de saber em que medida os amadores de arte, ao desempenharem esta missão, não estarão também a satisfazer um interesse público da cultura no seu todo.

Esta questão, se lhe quisermos dar resposta de modo convincente, será de resolver, segundo a organização hodierna do nosso pensamento, somente por via histórica. Haverá na história mais alguma época em que os amadores de arte tenham existido tal como existem hoje, e a que circunstâncias concomitantes está o fenómeno dos amadores de arte ligado, hoje como noutros tempos? Estas circunstâncias concomitantes podem então pôr-nos nas mãos a chave para compreender claramente a necessidade a que os amadores de arte de hoje obedecem, consciente ou inconscientemente, nos seus gestos. Causas iguais, efeitos iguais.

Recuando uma série de séculos, do limiar do século XX até ao século XV, conseguimos surpreender neste último o aparecimento dos amadores de arte.

Uma investigação mais minuciosa destes fenómenos rapidamente daria como resultado que, quanto mais se recuar, tanto maior é a medida em que a respectiva arte moderna foi tida em consideração pelos amadores de arte, a par da arte antiga e com ela. Lorenzo, o Magnífico, no século XV conhecia apenas os Antigos, a par do Renascimento florentino do seu próprio tempo; sobretudo na Alemanha, os grandes coleccionadores, ainda no século XVI, como os Fugger, são mais mecenas da arte sua contemporânea que admiradores da antiga. Na época de Rudolfo II, as coisas já são um pouco diferentes, e, no século XVIII, encontramos já uma pronunciada diferenciação nas inclinações dos amantes da arte, até que, por volta dos finais do século XIX, se formaram finalmente as relações que temos hoje debaixo dos nossos olhos; uma separação relativamente rigorosa entre a arte moderna, que aceitamos como destino inevitável da época e consumimos com maior ou menor interesse, e a arte antiga, a que erigimos o seu próprio templo, que veneramos por mor de si própria, e não em função de um valor exemplar para a arte moderna. Do século XV ao século XIX, os amadores de arte são, segundo o que foi dito, apenas os percussores dos amadores de hoje, não são destes diferentes qualitativa e quantitativamente; por mais interessante que seja o seu estudo em si próprio, não nos faz avançar na nossa questão, pois sendo, no fundo, nossos congéneres não se prestam a uma comparação profícua. Aspiramos antes a uma consideração comparativista dos amadores de arte que não estão em ligação directa com os modernos e que, por isso, promanaram de pressupostos históricos completamente distintos. Se se viessem a verificar, nesse caso, certos fenómenos concomitantes que concordassem com os de hoje, teríamos achado o que procuramos. Mas haverá na história, da Idade Média para trás, amadores de arte? Sim, há-os, e já há muito tempo que eles e os inúmeros traços que têm em comum com os amadores de arte dos dias de hoje nos chamaram a atenção. A sua época coincide com o início do calendário cristão; o auge do seu desenvolvimento, com os séculos I e II da era imperial romana, de Augusto até ao desaparecimento dos Antoninos. Naturalmente que estes amadores de arte antico-romanos tiveram os seus precursores nos últimos séculos da era pré-cristã; mas o mais importante para nós é que vemos não só a sua origem – também conhecemos a dos amadores de arte modernos – mas o seu fim gradual – o que naturalmente não podemos prever relativamente aos amadores de arte modernos.

Tenho por isso de me cingir a indicar apenas uns quantos traços da actividade destes amadores de arte antigos, na medida necessária para demonstrar a afinidade daquela condição com a de hoje.

No plano que Vitrúvio ([23]) desenhou, na época de Augusto, para a casa de um homem nobre está previsto um aposento para

([23]) Riegl refere-se aos desenhos que costumam acompanhar as edições modernas de Vitrúvio, uma vez que a transmissão dos manuscritos foi atribulada,

uma galeria de pintura; há igualmente referências a gliptotecas noutras passagens. Mas, à época, também se coleccionavam zelosamente objectos das artes aplicadas: em concreto, trabalhos de metal, porque podiam ser empregues como baixela faustosa. Em particular, eram frequentemente mencionados os trabalhos de prata e de bronze, sobretudo aqueles que eram feitos do chamado bronze de Corinto ([24]), segundo a designação de então. E, entre todas estas coisas, nem uma única vez se mencionou algo de moderno; os mestres cujos nomes são, regra geral, indicados são antes de cepa antiga, provenientes da época arcaica e clássica da arte grega; particularmente frequentes eram Policleto, Míron, Fídias, entre os escultores; Polignoto e Apeles, entre os pintores. E quanto mais antiga a peça, tanto mais era, por via da regra, valorizada. Chamou a atenção de Quintiliano ([25]) que só as obras antigas, com maior valor, de Polignoto foram integradas em tais colecções, bem como os quadros de Apeles, e a explicação que aventou foi a de que se tratava de uma espécie de *coquetterie* de conhecedor, tal como ainda hoje acontece, como toda a gente sabe. Também os trabalhos de prata cujos relevos se encontravam bastante usados e manuseados eram altamente apreciados, se conservados sem mácula, uma vez que eram tidos por mais recentes.

---

não tendo sobrevivido nenhum desenho do autor. Vitrúvio refere-se às pinacotecas nas seguintes passagens: Livro I, cap. 2,7, p. 39; Livro VI, cap. 3,8, p. 229; Livro VI, cap.4,2, p. 331; Livro VI, cap. 7,3, p. 236; os *schemata* com pinacotecas figuram nas pp. 247, 248 e 250. A paginação é referente à edição portuguesa, Vitrúvio. *Tratado de Arquitectura* (Trad., Intro. e Notas de M. Justino Maciel). Lisboa: IST Press, 2006, 454 pp.

([24]) O bronze de Corinto, *æs Corinthiacum*, de acordo com os Romanos, não ganhava verdete e era mais valioso que o ouro. A sua produção data de II a.C., e segundo Plínio, *o Velho*, (*História Natural*, livro 34, cap. III) era uma liga de ouro, prata e cobre.

([25]) Quintiliano, *Institutio oratoria*, livro XII, cap. 10. «Diz-se que na verdade foram Polignoto e Aglaphon os primeiros cujas obras foram contempladas sem ser pela sua antiguidade, a cor tão simples deles teve os seus admiradores até ao presente, bem como por causa daquela ingenuidade preferiam os primórdios da arte que em breve seria futura aos maiores autores que viveram depois deles, o que, quer-me parecer, é de entender com propriedade com ostentação».

O fenómeno concomitante inevitável de tais condições é naturalmente o comércio de objectos de arte. Pois os amadores de arte romanos tinham, não nos podemos esquecer, de ir buscar os seus objectos em grande parte à Grécia e ao oriente grego através dos mercadores de arte; só encontramos, é certo, nomes isolados, mas Horácio esboça uma imagem muito viva de um deles. Eram precisos agentes que viajassem, como os dois gregos de Verres, a quem ele chamava os seus cães de caça ([26]).

Uma consequência inevitável do comércio artístico são as falsificações, e já se disse muita coisa sobre isto. Que se faziam cópias que eram vendidas como tais nem sequer está em causa; mas nestas cópias apunha-se frequentemente os nomes de mestres antigos e célebres. E encontramos assim um reparo, no fabulista Fédro, numa passagem em que se está referindo justamente a tais falsificações: «Pois a mordaz inveja favorece mais a antiguidade fingida do que os méritos do presente» ([27]) . Este expresso reco-

---

([26]) Riegl refere-se a Cícero, *Contra Verres*, IV, 13: «É conveniente ó juízes, conhecer todas estas coisas, desde logo para que sejam verificadas e investigadas como é da praxe. Há na verdade dois irmãos de Cíbira, Tlepólemo e Hierão, um, se em erro não estou, tem por ocupação modelar a cera, o outro é pintor. Estou em crer que estes dois, quando recaiu sobre eles a suspeita por parte dos seus cidadãos de terem saqueado o tempo de Apolo na sua cidade fugiram do país, temendo o castigo do juiz e da lei. Conhecerem Verres, cobiçoso de seu ofício, como das testemunhas ficastes a saber, quando este foi a Cíbira com promissórias sem fundamento; fugindo de casa refugiaram-se junto dele como proscritos, estando aquele ainda na Ásia. Naquele tempo tinha-os junto de si, e foram-lhe de grande préstimo as suas obras e os conselhos nas presas e furtos dos legados. É a eles que Q. Tádio pagou algum dinheiro por ordem daquele – «aos pintores gregos», como está nos livros de conta. Levou-os consigo para a Sicilia, com saber de experiência feito do que eram capazes. Depois isso, onde quer que chegassem, era uma maravilha vê-los a farejarem todas as coisas e a seguirem as pistas (chamavas-lhes cães de caça) para, onde quer que topassem alguma coisa, inventarem um pretexto. O que quer que lhes caísse no goto estava perdido, obtinham-no com ameaças, fazendo ofertas, por escravos, ou por libertos, por um amigo ou por um inimigo. Aqueles a quem era pedida a baixela de prata tudo o que desejavam era que ela não agradasse a Hierão e a Tlepólemo.»

([27]) A frase citada figura no Prólogo do Livro V. «Se algumas vezes inseri o nome de Esopo, ao qual já há muito restituí o que lhe devi, sabei que é por causa da autoridade; como no nosso século fazem alguns artistas que encontram

nhecimento do contemporâneo, moderno, surge isolado em toda a literatura da época, escutamo-lo como escutamos o lamento de vários produtores de arte modernos que também não vêem bem por que razão não são eles tão bem pagos e apreciados como os antigos, e inclinam-se a atribuir o facto à inveja.

Um amador de arte, quer dizer, um apreciador de obras de arte antigas, não pode ser pensado sem um determinado conhecimento das coisas antigas, ele é o que se chama um conhecedor. Muito se fala disto naturalmente; e tal como hoje, havia já à época graus muito diferentes de tal conhecimento, que iam do real e bem fundamentado até à simples presunção.

Dionísio de Halicarnasso define muito judiciosamente a tarefa do conhecedor: tem de determinar o mestre e distinguir com segurança as cópias dos originais. E a maioria dos amadores de arte da época achava-se capaz de o fazer, mas muito frequentemente com escassa legitimidade, pelo que eram pábulo do escárnio dos escritores. Tais conhecedores duvidosos podem ser reconhecidos pelo facto de se entregarem com gosto à tarefa de atribuir preços às obras de arte, de discorrerem sobre o elemento técnico, como então se designava em geral o elemento material, na maioria dos casos sempre a propósito de obras de arte, semeando chavões que hoje já não estão em voga: fundição resistente, mescla de bronzes, contornos, camadas de pintura, sombreamento, proporções, etc. Havia até quem pretendesse reconhecer a mistura do bronze pelo cheiro, e eu próprio já encontrei casos destes na minha própria actividade profissional. Já então chamava a atenção o facto de, relativamente às obras de arte antigas, se falar tanto sobre a antiguidade, a raridade, o material, bem como sobre os proprietários anteriores, célebres, em contrapartida, nada se dizia sobre o valor artístico absoluto. Um nome de um mestre célebre e um preço

---

um preço maior para as suas obras, sem novo mármore inscreverem o nome de Praxíteles, na prata desgastada um Míron, na madeira um Zêuxis. Pois a mordaz inveja favorece mais a antiguidade fingida do que os méritos presentes. Mas sou levado a uma fábula dum tal exemplo» (p.101) Trad. Nicolau Firmino, Editorial Inquérito, Lisboa, 1990.

elevado: era atrás disso que os coleccionadores corriam. Nada mais delicioso, a este respeito, do que a conhecida descrição que Petrónio faz de Trimalquião ([28]), um novo-rico abastado, que se dá ares de amador de arte.

É claro que se deve ter bem presente que se tratava apenas de excentricidades e que por isso mesmo davam nas vistas, daí que tenham sido transmitidas pelos escritores sensacionalistas e constantemente dados ao exagero. Mas, por detrás disso, aloja-se um núcleo bem justificado que apresenta uma faceta de sobremaneira característica e que deve ser levada muito a sério no conjunto da vida cultural dessa fase da Antiguidade. Este fenómeno já há muito tempo que chamou a atenção dos investigadores, tendo-se procurado a respectiva explicação. Julga-se ter encontrado a chave

---

([28]) Riegl tem provavelmente em mente os bronzes de Corinto referidos no Cap. 50:

«Depois desta obra-prima, toda a criadagem desatou a aplaudir, ao mesmo tempo que gritava:

- Viva Gaio!

O cozinheiro foi honrado não só com uma bebida, mas ainda com uma coroa de prata; o copo trouxeram-no numa bandeja de bronze de Corinto. 2 Estava Agaménnon a examiná-la com cuidado, mais de perto, quando Trimalquião exclamou

- Sou eu o único a ter coríntios verdadeiros!

3 Estava eu à espera – a avaliar pela fanfarronice anterior – que ele fosse dizer que lhe traziam o vasilhame directamente de Corinto. 4 Mas ele saiu-se com outra melhor:

- E talvez te perguntes, por que razão serei eu o único a ter coríntios verdadeiros; claro porque o bronzista, a quem faço as compras se chama Corinto. Quem é que pode ter um coríntio de gema, se não tiver o seu próprio Corinto? 5 E não julguem para aí que sou um ignorante; eu cá sei muito bem de onde vieram os primeiros bronzes de Corinto. Quando Ílion foi tomada, Aníbal, sujeito esperto e um grande camaleão, ajuntou numa pira todas as estátuas de bronze, de ouro e de prata e pegou-lhes fogo; foi assim que todos os metais se fundiram numa só amálgama de metal. 6 Os artesãos agarram nessa massa e fizeram pratos, bandejas e figurinhas. Assim nasceram os bronzes coríntios, de todos os metais misturados e não de um só ou de outro. 7 Irão perdoar-me o que vou dizer: eu cá prefiro os cristais, pois não deitam cheiro. E se não se partissem, para mim seriam melhores que o ouro; mas agora andam por aí aos pontapés.»

Petrónio, *Satyricon* (trad. Delfim F. Leão), Lisboa: Livros Cotovia, 2005, p.87-88.[Agradece-se à editora Livros Cotovia a autorização para reproduzir o excerto].

de tal fenómeno em algumas declarações ocasionais de alguns escritores dos primeiros séculos pós-cristãos; Plínio e Petrónio, que criticaram a arte contemporânea, à época moderna, em favor da arte antiga dos gregos clássicos. Daí concluiu-se o seguinte: os amadores de arte eruditos teriam visto o grau em que a antiga arte clássica se elevava acima duma arte decadente – como era então chamada – posterior e teriam dirigido por isso o seu interesse exclusivamente para a arte antiga. Esta concepção revela-se agora errada.

Em primeiro lugar, o interesse da sociedade do início da era imperial romana pelas artes plásticas não foi de modo nenhum mais ténue que em qualquer outra época. Temos já, precisamente neste século, a possibilidade de nos familiarizarmos, com maior exactidão, com o papel que as artes plásticas desempenharam na vida dos romanos e gregos da época, mais concretamente, não apenas na vida cultural e estatal oficial, como também na vida privada, íntima, que está isenta das intensificações artificiais inerentes às intenções de representação: nos vestígios de Pompeios. Destas ruínas e objectos desenterrados do entulho ressuma um sentido artístico que, até ao presente, não tem par na história da humanidade no seu conjunto, tal como a conhecemos: tudo o que cai debaixo dos olhos de quem se passeia no interior das quatro paredes daquelas casas devia acusar um determinado cunho característico do tratamento artístico, começando com a decoração das paredes descendo até ao passador, cujos orifícios estavam agrupados para formar padrões sempre novos e variados. E não haveria de manifestar simpatia para com a criação artística do seu tempo uma sociedade com um tão inaudito apetite de arte, ela que produzia todas estas coisas aparentemente imprescindíveis, chegando mesmo ao ponto de a recusar? Impossível.

Mas poder-se-ia sempre pensar que o amador de arte erudito, perante as obras da era clássica, relegava todas estas maravilhas da era imperial romana para segundo plano por terem um valor artístico menos significativo; e, desde Winckelmann até há bem pouco tempo, descortinava-se nas obras de arte da era imperial romana apenas repetições que se iam tornando, com efeito, cada vez mais baças e mais fracas que os seus modelos clássicos. No entanto, de há uns anos a esta parte, deu-se uma mudança crucial nesta concepção. Uma investigação rigorosa dos monumentos artísticos da época que vai de Augusto aos Antoninos mostrou que estes monumentos se relacionam com os da arte clássica passada de um modo muito semelhante ao modo como as nossas obras de arte moderna se relacionam com as do Renascimento. Verificou-se a existência de uma evolução que leva de Fídias e Polignoto, passando pelos artistas alexandrinos e, em seguida, pela época dos Diádocos, até àqueles primeiros dois séculos da era imperial romana. A arte da era imperial romana é posta, deste modo, em paralelo com a moderna; manda a verdade dizer que quem conquistou o mérito pioneiro de aclarar esta relação – o professor Wickoff de Viena ([29]) –, caracterizou sem cerimónias esta arte como impressionismo, que não dever ser confundido por completo, claro está, com o impressionismo moderno. Apurámos assim um paralelismo elucidativo: por duas vezes na história da humanidade até ao presente repetiu-se uma fase em que a criação artística se pautou pelos chamados princípios impressionistas: no início da era imperial romana e nos dias de hoje. E, exatamente nestes dois períodos iguais, deparamos com o fenómeno dos amadores de arte como partidários, apreciadores e admiradores entusiásticos da arte antiga. E tal como hoje, apesar e a par deste entusiasmo pelo que é antigo por mor de si próprio, a evolução da arte moderna prossegue o seu caminho, imperturbada, sem se deter, é até promovida por muitos amadores de arte, o mesmo se deve ter passado na era imperial romana: o que cada novo dia traz consigo era precisamente o óbvio, não havendo por isso necessidade de o mencionar. Mas o entusiasmo exaltado de uma quantidade de pessoas ricas ou

([29]) Franz Wickoff (1853-1909) historiador da arte cujos trabalhos versaram a época romana e o cristianismo primitivo. Foi inspector no Kunstgewerbe-Museum em Viena, entre 1879 e 1895, data em que se reforma, tendo-lhe sucedido Riegl. Wickoff esforçou-se por reabilitar a arte romana e paleocristã, ao arrepio da *opinio communis* do século XIX, que tendia a ver nela uma arte decadente. A sua obra encontra-se reunida em *Die Schriften Wickoffs*, 3 volumes, editados por Max Dvorák.

nobres pelo antigo salta à vista como algo de novo, nunca existira em tal medida (por mais que, naturalmente, na Antiguidade esta situação devesse ter tido a sua evolução gradual a partir de um ponto muito recuado, o que não se depreende, claro está, tanto dos documentos escritos como de uma consideração atenta dos monumentos segundo o seu conteúdo interno e determinação exterior); e daí que os autores falem tão frequentemente disso.

Também o fenómeno do chamado impressionismo e o fenómeno dos amadores de arte, como apreciadores dos períodos artísticos mais antigos em função da sua antiguidade, deram-se as mãos até ao presente. A conclusão evidente é que na essência do chamado impressionismo tem de existir algo que estimule, em determinados círculos da sociedade, significativos e influentes consoante o seu número e cultura, o interesse pelo antigo. Qual é a essência do impressionismo?

Indiquei já que por impressionismo se entende uma orientação bem determinada da arte moderna que, rigorosamente compreendida, não pode ser aplicada sem mais à sua fase paralela na Antiguidade. Vou por isso fixar o que têm em comum o impressionismo moderno e o estádio evolutivo análogo antigo. Trata-se de um determinado subjectivismo óptico. Não receiem que eu vos vá importunar com explicações estéticas ao nível do pormenor irrelevante. Espero antes fazer-me entender com poucas palavras.

Em todas as coisas do mundo, tal como a arte humana as imita, devem-se distinguir dois tipos de propriedades: 1 aquelas que lhes cabem em todas as circunstâncias, quer sejam vistas por um sujeito humano ou não. São as propriedades objectivas. 2 aquelas que um sujeito humano, num determinado momento, percebe nelas. São as propriedades subjectivas (entre as quais haverá sempre algumas objectivas, mas não todas; em contrapartida haverá sempre também aquelas que cabem às coisas não objectivamente, como por exemplo a iluminação). Uma arte que se paute pela reprodução das propriedades objectivas das coisas designamo-la por objectivista; uma arte que quer restituir por princípio o fenómeno momentâneo das coisas na retina de um sujeito individual contemplativo designamo-la por subjectivista.

As propriedades das coisas traem-se nos estímulos que exercem sobre os sentidos do sujeito das percepções. Estes estímulos são de duplo tipo: 1 puramente ópticos, são as propriedades coloridas que estimulam exclusivamente os olhos; 2 os tácteis, são as propriedades corpóreas das coisas, a sua extensão e limitação no espaço, que estimulam o sujeito contemplativo, mas, uma vez à distância, são transmitidos pelos olhos. Uma arte que quer mostrar as coisas como fenómenos puramente coloridos designamo-la por óptica, aqueloutra, que quer tornar sensível sobretudo a corporeidade das coisas, designamo-la por táctil.

Compreende-se agora, sem qualquer esforço, o que é que se deve entender por subjectivismo óptico: uma arte que quer apresentar as coisas como estímulos coloridos, momentâneos, de um sujeito individual contemplativo. Quem conhece a arte moderna compreenderá sem dificuldades esta definição.

Encontramos este subjectivismo óptico, como foi dito, coincidindo na arte da era imperial romana e na arte moderna. Há, no entanto, certas diferenças entre ambas, nomeadamente aquelas que me limitei a indicar. A arte da era imperial romana foi pensada, como a da Antiguidade no seu todo, num objectivismo de princípio; só na medida em que visa apresentar as propriedades ópticas das coisas, em vez das tácteis, tal como o preferira fazer a arte antico-oriental anterior, e até a arte clássica dos gregos, é que a arte da era imperial romana se tornou relativamente subjectivista, pois os estímulos ópticos da cor são em si e por si de tipo mais evanescente, mais subjectivo, do que a extensão e delimitação a que está submetido o tacto. Na escuridão, as coisas perdem a visibilidade, mas retêm sempre a tangibilidade. A arte medieva, donde brotou a moderna, já era, pelo contrário, numa medida de longe mais significativa, uma arte subjectivista, mas, uma vez que tinha em vista sobretudo uma delimitação clara das coisas, deve ser caracterizada como um objectivismo relativo. Daí resulta que devemos ver o momento que une verdadeiramente a arte da era imperial romana e a arte moderna na consideração unilateral e intensificação das propriedades ópticas, coloridas das coisas.

Ora, assim chegamos à questão última e decisiva: como é que o subjectivismo óptico consegue despertar um interesse na arte antiga, e até provocá-lo imperativamente?

A característica do subjectivismo óptico é uma arbitrariedade extrema no tratamento das coisas que o artista quer apresentar. Já é arbitrário o restringir-se essencialmente às características ópticas da coloração, reprimindo em simultâneo a corporeidade, isto é, as características dos contornos, que limitam a altura e largura, e as das sombras, que indicam extensão na profundidade. Arbitrariedade é, além disso, o destacar refinado das formas mais momentâneas, mais evanescentes, do fenómeno, por exemplo, abreviações e iluminações fortuitas. Arbitrariedade é por fim, e sobretudo, violar o fenómeno perceptível aos sentidos em geral, não só enquanto corpo, como também enquanto cor, que consiste em fazer do fenómeno material apenas e mais um meio de despertar impressões afectivas no sujeito.

A alegria ingénua na aparição das coisas enquanto tais, o prazer que a ocupação do sentido do tacto e da visão desperta em nós e que teve uma quota-parte essencial, e quanto mais recuada mais essencial, ao longo dos séculos na fruição artística humana, foi violentamente reprimida, morta, tudo passou a ser calculado para ocupação da faculdade de pensar e capacidade de sentir.

A reflexão sobre os amadores de arte de obras de arte antigas, quer dizer, não modernas, mantém uma dupla relação com a arbitrariedade moderna descrita. Por um lado, numa relação positiva, concordante. Se contemplarmos uma imagem antiga, ela fala-nos não apenas através das suas propriedades perceptíveis aos sentidos, como também pelo simples facto da sua idade, e, através desta, este elemento puramente intelectual opera sobre a vida dos nossos sentimentos, espalhando a disposição harmoniosa. Em si e por si, isto não seria nada de novo: já se pode encontrá-lo a partir do século XVI, que começou a dispor em imagens templos antigos, a fim de despertar no espectador a recordação de uma vida passada há muito tempo; no século XVII, surgiu a par disso a pintura de ruínas com a mesma intenção; o que caracteriza a época moderna é a circunstância de que já não é preciso um motivo escolhido em particular e que, por exemplo, a imagem de uma simples casa do século XVIII basta para despertar sentimentos de disposição harmoniosa no espectador, e isto é conseguido em grau superior por uma imagem que acusa, desde logo pela sua constituição exterior, o seu nascimento no século XVIII.

A respeito dos efeitos afectivos que ela transmite, a consideração amorosa da arte antiga, tal como os amadores de arte a cultivam, vai directamente ao encontro das tendências artísticas modernas, tal com se traem no subjectivismo óptico.

Mas, de outro ponto de vista, o interesse dos amadores de arte pelas obras de arte antigas está em oposição directa às tendências artísticas modernas. Pois, nas obras de arte antiga, o espectador encontra justamente aquilo que deve ser reprimido a qualquer preço nas obras de arte modernas: a corporeidade palpável e a cor que lhe é ínsita. De acordo com isto, o culto das obras de arte antigas parece uma evasão da arbitrariedade, em que tudo aspira a dissociar-se no mais evanescente jogo de pesos e contrapesos, no ilimitado e inapreensível, no reino do mais ou menos consistente, firme, fixo. E aqui, nesta tendência, seja ela consciente ou inconsciente, é onde me parece que reside a verdadeira missão benéfica, frutífera, do amador de arte.

Decerto que a evolução no seu todo impõe uma emancipação crescente das funções intelectuais relativamente às físicas: é precisamente o que nos ensina o curso da história da arte de modo concludente, depois, o curso da história das religiões e, finalmente, o curso do desenvolvimento ético na política e na vida social em geral. Mas perante a negação do corpóreo, a evolução teve, ainda assim, de fazer alto, pois sem um substrato físico também não se consegue pensar os fenómenos psíquicos. Daí que no nosso peito vivam duas almas: e uma delas, a que se atém com um vigoroso prazer amoroso a este mundo corpóreo e aos seus fenómenos, é aquela que corre o risco de ficar para trás nas tendências artísticas modernas. Quem se alegrar com fenómenos puramente perceptíveis aos sentidos, bem como com uma forma delimitada, com motivos de movimento, com colorações tranquilamente locais, com o efeito definido da luz e das sombras, tem de procurar quartel fora das salas de exposição modernas, nas galerias antigas ou nas salas de exposição dos nossos coleccionadores que são também amadores de arte.

Peço-vos que não me interpretem mal. Nada está mais longe de mim do que querer censurar o curso evolutivo das artes modernas. O historiador da arte já compreendeu há muito tempo que não tem de prescrever à arte moderna o seu caminho, como outrora Wincklemann julgara. Estou também em crer que a própria arte se detém perante os extremos, e cumpre agora assinalar sintomas disso. Pois há-de ser acidental o facto de que precisamente um artista como Toorop ([30]) para quem, mais do que para qualquer outro, a coisa a representar se volatiliza num mero meio da disposição harmoniosa, confira a esta coisa formas exteriores cujos modelos vai buscar à arte egípcia antiga, quer dizer, a uma arte que representa uma oposição diagonal à arte moderna, óptico-subjectivista, o objectivismo táctil, nu? Ou como é que se há-de explicar que, precisamente na decoração moderna, as linhas, quer dizer, o elemento táctil fundamental, desempenhem um papel tão decisivo, se não mediante o esforço instintivo dos nossos artistas que compensam uma arbitrariedade extrema numa direcção através do mesmo rigor extremo na outra?

Se até nos próprios artistas modernos topamos tais sintomas, que traem um nítido esforço de conferir novamente uma configuração mais fixa às coisas, que ameaçam volatilizar-se, ainda mais os encontraremos, muito compreensivelmente, nos leigos que se engolfam para os mesmos efeitos na contemplação de obras de arte antigas. O interesse na arte antiga é simultaneamente um interesse na conservação da arte moderna, das artes plásticas em geral.

Permitam-me trazer à colação uma única objecção para examinar o seu valor. Encontra-se frequentemente a concepção de que o coleccionismo moderno nada mais seria que uma ostentação da riqueza que se compraz em si própria. Nem sequer é preciso

([30]) Jean Theodoor Toorop (1858-1928) mais conhecido como Jan Toorop, pintor holandês, simbolista de início, adoptou a *Art Nouveau* e, a partir de 1905, ano em que se converte ao Catolicismo, passou a produzir obras religiosas.

pensar naquele tipo de exibicionismo que de bom grado se vangloria perante outrem; basta pensar até no proprietário que é feliz precisamente por se encontrar na posse de tais valiosos tesouros, por vezes comprados a preços absurdos. Que este sentimento de satisfação com a posse exista nos coleccionadores não se pode negar, mais num, menos noutro, mas, em simultâneo, ele vai sempre de reboque com aquela tendência ideal, mais ou menos desenvolvida, em que divisei a missão própria do amador de arte. Passa-se com ele o mesmo que se passa com todas as tendências ideais da humanidade: não existiriam, se não estivesse em jogo pelo menos um pequeno grão de imperfeição material, egoísmo, amor-próprio. Há observadores que só têm olhos para esta imperfeição. Mas quem vir as coisas bem a fundo convencer-se-á rapidamente que até aquele que pretende, com cínica franqueza, que é escravo do seu egoísmo por intermédio da sua colecção, quer queira quer não, serve a um fim mais elevado, de utilidade colectiva: dá cumprimento, nesse mesmo passo, à missão ideal do amador de arte.

ARTE E COMUNICAÇÃO

1. *Design E Comunicação Visual*, Bruno Munari
2. *A Realização Cinematográfica*, Terence Marner
3. *Modos De Ver*, John Berger
4. *Projecto de Semiótica*, Emilio Garroni
5. *Arte e Técnica*, Lewis Mumford
6. *Novos Ritos*, Novos Mitos, Gillo Dorfles
7. *História da Arte e Movimentos Sociais*, Nicos Hadjinicolau
8. *Os Meios Audiovisuais*, Marcello Giacomantonio
9. *Para uma Crítica da Economia Política do Signo*, Jean Baudrillard
10. *A Comunicação Social*, Olivier Burgelin
11. *A Dimensão Estética*, Herbert Marcuse
12. *A Câmara Clara*, Roland Barthes
13. *A Definição da Arte*, Umberto Eco
14. *A Teoria Estética*, Theodor W. Adorno
15. *A Imagem da Cidade*, Kevin Lynch
16. *Das Coisas Nascem Coisas*, Bruno Munari
17. *Convite à Música*, Roland De Candé
18. *Educação pela Arte*, Herbert Read
19. *Depois da Arquitectura Moderna*, Paolo Portoghesi
20. *Teorias sobre a Cidade*, Marcella Delle Donne
21. *Arte e Conhecimento*, Jacob Bronowski
22. *A Música*, Roland De Candé
23. *A Cidade e o Arquitecto*, Leonardo Benevolo
24. *História da Crítica de Arte*, Lionello Venturi
25. *A Ideia de Arquitectura*, Renato de Fusco
26. *Os Músicos*, Roland de Candé
27. *Teorias do Cinema*, Andrew Tudor
28. *O Último Capítulo da Arquitectura Moderna*, Leonardo Benevolo
29. *O Poder da Imagem*, René Huyghe
30. *A Arquitectura Moderna*, Gillo Dorfles
31. *Sentido e Destino da Arte I*, René Huyghe
32. *Sentido e Destino da Arte II*, René Huygue
33. *A Arte Abstracta*, Dora Vallier
34. *Ponto, Linha, Plano*, Wassily Kandinsky
35. *O Cinema Espectáculo*, Eduardo Geada
36. *Curso da Bauhaus*, Wassily Kandinsky
37. *Imagem, Visão e Imaginação*, Pierre Francastel
38. *A Vida das Formas*, Henri Focillon
39. *Elogio da Desarmonia*, Gillo Dorfles
40. *A Moda da Moda*, Gillo Dorfles
41. *O Impressionismo*, Pierre Francastel
42. *A Idade Neobarroca*, Omar Calabrese
43. *A Arte do Cinema*, Rudolf Arnheim
44. *Enfeitada de Sonhos*, Elizabeth Wilson

45. *A Coquetterie, ou a Paixão do Pormenor*, Catherine N'diaye
46. *Uma Teoria da Paródia*, Linda Hutcheon
47. *Emotion Pictures*, Wim Wenders
48. *O Boxe*, Joyce Carol Oates
49. *Introdução ao Desenho Industrial*, Gillo Dorfles
50. *A Lógica das Imagens*, Wim Wenders
51. *O Novo Mundo das Imagens Electrónicas*, Guido e Teresa Aristarco
52. *O Poder do Centro*, Rudolf Arnheim
53. *Scorsese por Scorsese*, David Thompson e Ian Christie
54. *A Sociedade de Consumo*, Jean Baudrillard
55. *Introdução à Arquitectura*, Leonardo Benevolo
56. *A Arte Gótica*, Wilhelm Worringer
57. *A Perspectiva como Forma Simbólica*, Erwin Panofsky
58. *Do Belo Musical*, Eduard Hanslick
59. *A Palavra*, Georges Gusdorf
60. *Modos & Modas*, Gillo Dorfles
61. *A Troca Simbólica e a Morte - I*, Jean Baudrillard
62. *A Estética*, Denis Huisman
63. *A Troca Simbólica e a Morte - II*, Jean Baudrillard
64. *Como Se Lê Uma Obra de Arte*, Omar Calabrese
65. *Ética do Construir*, Mário Botta
66. *Gramática da Criação*, Wassily Kandisnky
67. *O Futuro da Pintura*, Wassily Kandinsky
68. *Introdução à Análise da Imagem*, Martine Joly
69. *Design Industrial*, Tomas Maldonado
70. *O Museu Imaginário*, André Malraux
71. *A Alegoria do Património*, Françoise Choay
72. *A Fotografia*, Gabriel Bauret
73. *Os Filmes na Gaveta*, Antonioni
74. *A Antropologia da Arte*, Robert Layton
75. *Filosofia das Artes*, Gordon Graham
76. *História da Fotografia*, Pierre-Jean Amar
77. *Minima Moralia*, Theodor W. Adorno
78. *Uma Introdução à Estética*, Dabney Townsend
79. *História da Arte*, Xavier Barral I Altet
80. *A Imagem e a sua Interpretação*, Martine Joly
81. *Experiência e Criação Artística*, Theodor W. Adorno
82. *As Origens da Arquitectura*, L. Benevolo E B. Albrecht
83. *Artista e Designer*, Bruno Munari
84. *Semiótica da Publicidade*, Ugo Volli
85. *Vocabulário de Cinema*, Marie-Thérèse Journot
86. *As Origens da Pós--Modernidade*, Perry Anderson
87. *A Imagem e Os Signos*, Martine Joly
88. *A Invenção da Moda*, Massimo Baldini
89. *Ver, Compreender e Analisar as Imagens*, Laurent Gervereau
90. *Fantasia*, Bruno Munari
91. *História da Linguagem*, Júlia Kristeva
92. *Breviário de Estética*, Benedetto Croce
93. *A Invenção da Paisagem*, Anne Cauquelin

94. *História do Teatro*,
Cesare Molinari
95. *O Ecrã Global*,
Gilles Lipovetsky e Jean Serroy
96. *As Questões do Património*,
Françoise Choay
97. *Literacia Visual – Estudos sobre a Inquietude das Imagens*,
Isabel Capeloa Gil
98. *Património Cultural Imaterial. Convenção da Unesco e seus Contextos*,
Clara Bertrand Cabral
99. *Homo Aestheticus*, Luc Ferry
100. *O Culto Moderno dos Monumentos*, Alois Riegl